裏ワザ満載、無理なく楽しむ

オトナの着物生活

星わにこ

河出書房新社

はじめに
こんにちは！着物大好きコミックエッセイストの星《ほし》わにこです
飼い猫の「いわし」です
「さわら」です
日々どうしたら気楽に着物を着られるかまたキレイに着られるかそんなことばっかり考えて暮らしています
20代で着物に目覚め途中ブランクをはさみながら再び40代で着物熱発症以来熱が冷めることもなく着物道を進んでいます！
着物
そんな私の着物のお話はいち利モールのWEBコラム『オトナの着物生活』で毎週水曜日に連載中
ICHIRI MALL
星わにこ連載コラム「オトナの着物生活」
イラストとコラムと時には写真を交えつつうまくいったこと失敗したこと着物のネタをご紹介しています
日々是取材
週イチでの連載とはいえこれがなかなか大変で常にコラムの話題を探す日々
ネタ……ネタを恵んでください……
ギョッ
ヨロヨロ
気がついたらもう足掛け12年になりました
アラフォーだったのにもうすぐ還暦!?
干支もひとまわり!!
まじか
連載開始時生後1ヶ月だった子猫もすっかりシニアに

最初は着物友達と
おでかけを楽しむ
程度だったのが
着物が好きすぎるあまりに
着付けを習い直し
他装を勉強し
着付けの仕事や
お教室も
するように
なりました
簡単
楽しい
コツ
キレイ
裏技
etc.
便利
コラムでは『オトナの着物生活』に
役立つ情報や役に立たない（？）
おでかけ報告まで、書き綴っております
ステキ!!
見て
着て
聞いて
メモメモ
時には
妄想…
見張り番
顔を合わせれば
もれなく
ネタにされる
着物友達の
協力と
読者の皆様
今日撮った
写真送るね！
うっうっ…
ありがとう～
「好きなことを
書いてください」と
励ましてくれる
担当さんのおかげで
描き続けたコラムは
なんと500本超！
その中から
ぜひお伝えしたい
目からウロコな
着付けのコツや裏ワザ
お手入れや収納から
単なるよもやま話まで
着物とよいお付き合いをする
ための145本を厳選し
まとめ直しました！
よろしければぜひ
わにこの着物トークに
お付き合いくださいませ！
145
目いっぱい愛が詰まってます！
ヨシ！

裏ワザ満載、無理なく楽しむ オトナの着物生活

目次

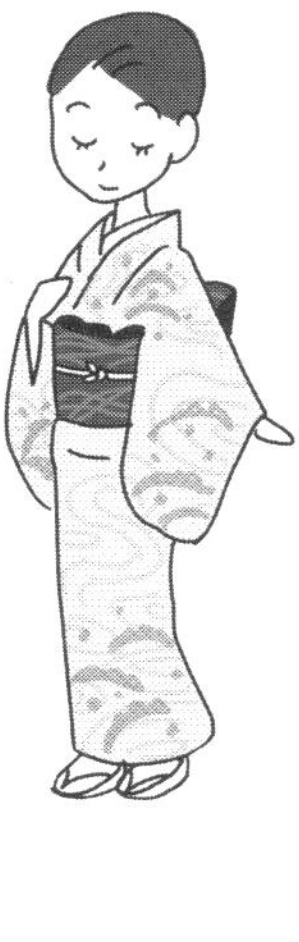

第2章 すぐ使える！ 本当に役に立つ着付けの裏ワザ30選

第3章 雨にも暑さ寒さにも負けない！ 普段着物 便利帳

第4章 着物の収納、始末のコツ

第5章 着ない着物はどうするの

第6章 着物を楽しむコツのコツ

序章

そのうち着物も楽しみたい？　今でしょ！　の巻

1

着物の「面倒」解決しよう！
めざせ！らくちん着物生活

そこそこキチンと！
&自分が楽♥
わたしの場合
うそつき衿でお手入れ楽&時短
着付けはベーシック
自分が納得できればそれでよし！
帯はお太鼓でスッキリ
帯揚げなし
コンサバコーデでキレイめに
毎回パーフェクトな装いは大変
でもグズグズテキトーすぎもちょっと…

着物生活って面倒くさい？愛と工夫で楽してきれいに！

年齢を重ねてきたせいか、ああ〜着物が面倒だな、と思うことが。着るのはいいけれど、おでかけ先や季節、天気や気温に合うコーディネートを決めて準備するのが億劫。帰ってきたら始末をするのも億劫。でも、それを吹き飛ばす「装った喜び」が着物にはあると思うのです。だからちょっとでも楽をして、簡単に、手間をかけずに着物生活を送りたいと、日々工夫を重ねている私です。

季節、格、さまざまな「決まり事」が着物にはあります。カジュアルシーンであれば全部吹っ飛ばして私は私、と装うのもいいでしょう。でも昭和生まれとしては、どうもそれが苦手なのです。

ある程度きちんとして、それなりにきれいに着たい。でもできるだけ手を抜きたい。自分好みの着姿や、着方も含めて納得できるポイントを探っていくのも、着物の楽しみかもしれません。

私の場合
帯揚げなしにしたら
着付けが劇的に楽に。
でも名古屋帯は
したいのです

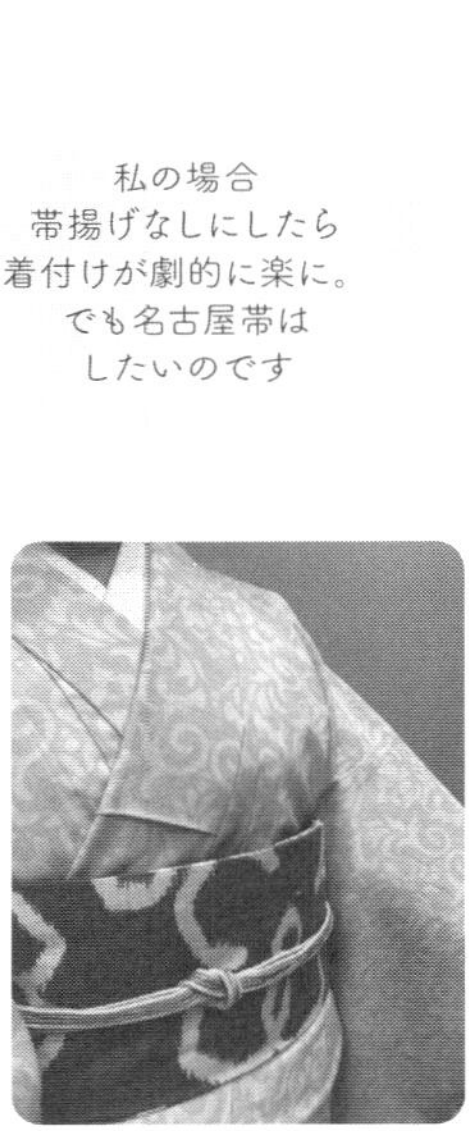

2

思い立ったが吉日！ 着物の黄金《ゴールデン》時代《エイジ》を楽しもう!!

その着物いつ着る？、
今でしょ！
夢
年をとったら着物で生活しよう。
現実
年をとると体力もないし着物が楽しめない…。
肩が痛い…
もっと若い時に着ればよかった
ニャーも…
ほぉー

今のうちに楽しみたい！ 50代からが着物の黄金時代

着物を着ていると、ご年配の方に「いいわね、私も昔はよく着たわ。もう気力も体力もなくて着られない。今のうちにたくさん着てね！」と声をかけられることが。

人生には「この時期やっておくといい」というようなことがあります。いつからでも遅くはないとはいえ、やるに越したことはない「時」があるのです。例えば運動神経は9～12歳頃が最も発達する「黄金時代」といわれています。

若いときは言うに及ばずですが、それにも増して50代60代は着物のゴールデンエイジといってもいいのでは。

年齢を重ねただけの貫禄も出ますし、子育ても一段落して自分の時間が持てるようになり、着物を楽しむ余裕もできます。人生100年時代、長いとはいえ体力はどんどん落ちていきます。今が一番若いとき。いつかやろうとはさよならして、せっせと楽しみましょう。

蔦の地紋《じもん》起こしの色無地に組紐の袋帯。年齢を重ねると着こなせる着物も増えます

3

着付けは準備とイメージが9割！

準備
・着るもの一式をそろえる
（小物、肌着（補整）
着物・半衿・帯etc.）
イメトレ
・コーディネート・着付け
天候・TPO対応 etc.
これができていれば…
肌着・補整
襦袢・着物
帯・仕上げ
5分・5分・5分！
前日までの準備と
着上がりのイメトレ＆
シミュレーションが
大切ニャ！
当日は心を落ちつけて
着るだけニャン

着付け時間を短くするには事前準備とイメトレが9割

私の着付け時間の目安は肌着&補整で5分、襦袢《じゅばん》（うそつき衿）&着物で5分、帯で5分くらい。手順を追って、ある程度きれいに着ようと思うとそんな時間になります。

時間を縮めることより、仕上がりを重視したいと心がけています。ただこれは、すべての着付け道具が手元にそろっていないと無理。着付けの道具、過不足ない肌着と補整グッズ、ちゃんと半衿のついた襦袢、シワの入っていない着物、コーディネートされた帯と帯揚げ、帯締め。大事なのは、前日までの事前準備とイメトレ！

何をイメージトレーニングするのかというと「着付けの手順」と「着物をこういう風に着たいという理想の姿」です。本を読んだり動画を見たりして思い出しておく。準備、イメトレで当日の着付けの9割はもらった！といっても過言ではないでしょう。

あとの1割は、体調とテンション！です！

着付けの仕方
忘れちゃった？
なんてときは
動画を見ておく
だけでも効果あり！

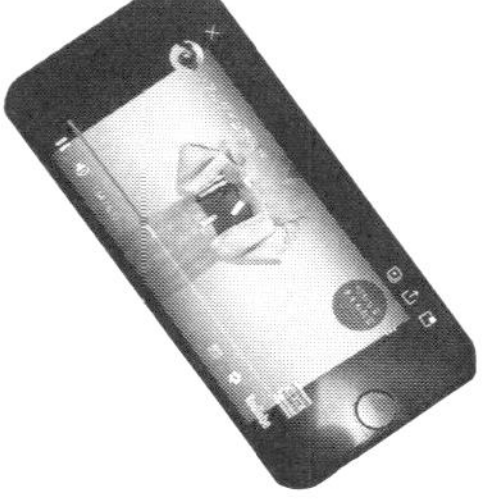

4

着物を着ると自分が好きになる？

普段
ボサー
服？どうでもいい…
ヨレッ…
気分が上がる！
着物を着てみたら…
キレイ！
いいね
ほめられる
その気になる
あれっもしかして
ワタシ悪くない？
自己承認
自己肯定感UP！
単純！でもいいニャン!!

着物を着ると自分が好きになる？自己肯定感が上がります

常々「美人とは目鼻だちではなく、姿勢と振る舞いだ」と思うのですが、服装もそれに含まれますよね。

まあ、なかなかそうはいっても現状パジャマ姿で原稿を書いている自分がいたりするわけですが（すみません）、意識を変えていくだけでも、随分変わることができるのではないでしょうか。

着物を着るのって、ほんとに面倒です。用意するものも多いし、着るのだって洋服より時間がかかる。それでも着るのは、着たときの自分が好きだし、大事にしたいという気持ちがあるから。自分はそれだけの手間をかけて装う価値のある人間だという確認作業でもあるような。

着物も洋服も、きちんと気を使って着ることが、自分を大切にして、認めてあげていることにつながる気がします。身なりを整えると、自分も好きになるし、人にも好きになってもらえますよね。

大好きなワニを友禅作家の中野《なかの》スズミさんに描いてもらった帯。勝負帯も自信がつくアイテムです

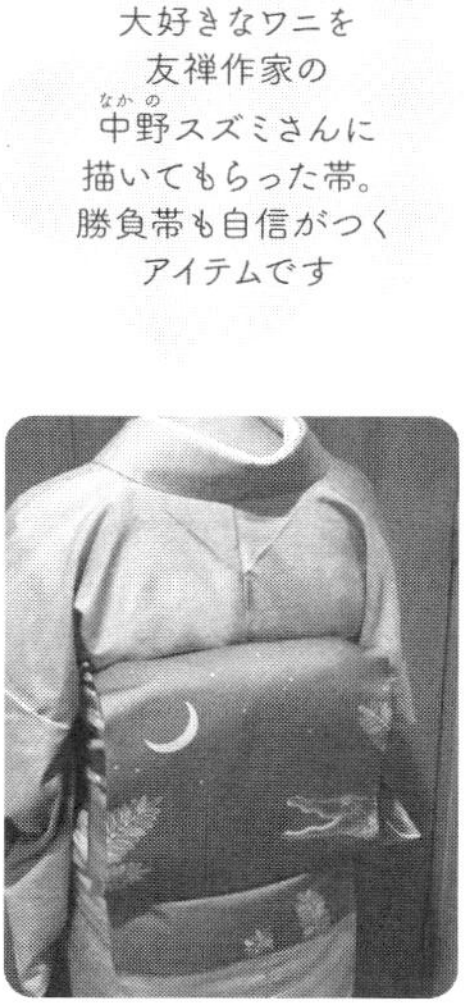

5

ほどよい補整は らくちん着物の第一歩!!

補整がうまくいくと着付けはとってもラクになる！

肌着を適当に着ると、いくらその上から着物をキレイに着ようと思ってもうまくいかないもの。逆に、インナーの時点できちんとボディメイクすれば、その上に着物を添わせるだけで手早く美しく着ることができます。

着物は立体裁断でなく平面でできていますから、体のほうに凹凸があると着付けにくい。胸を寄せて上げてハト胸をつくり、ウエストやお尻の上の窪みを埋めてなだらかな筒型のボディにする。余分なシワも入りにくく、着崩れもしにくい、キレイな着姿になります。

補整なしで着るわという方もいますが、体型は十人十色。誰かがそれがいいといっても、自分に合うかどうかは自分しかわかりません。どうしたいかを含め、自分の体型と向き合ってみましょう。着物は太っても着られるもんね、と着物の懐の深さに甘えすぎてはいけないんですよね（自戒）。

愛用している
たかはしきもの工房の
満点「くノ一涼子」と
「腰すっきりパッド
スキニー」で
ぽよ肉もすっきり

6 もったいないはもったいない！

どんどん着ておでかけしましょ!!
好きなもの大切なものを活かしきろう！
バッグもお気に入りをどんどん使おう！
人生であと何回着物が着られるものかしら…
人生は有限
たんすの肥やしにしたらもったいないオバケが…
フー

もったいないはもったいない！どんどん着物を着よう

ついつい仕事やおでかけするとき、いつも着る着物ばかりに手が伸びてしまいます。箪笥《たんす》にはまだ袖を通していないとっておきの着物や、何年も着ていない着物がいっぱいあるのに……。

大事な着物はもったいない気がしてしまって、惜しみなく着られる洗える着物や普段着ばかりを着てしまう。でも、先日大事な若い頃の着物を箪笥から出して驚愕！ちゃんと手入れしておいたはずなのに、黄ばみや雨ジミが。もっと着ればよかったと思っても後の祭り。

もちろん、染め直しやお手入れをすれば着られるようになりますが、それには結構な費用がかかります。どんなに大切にしていても、古い着物は経年劣化しますし、今の時代リセールバリューもほとんどありません。

もったいないと仕舞っておかないで、どんどん箪笥から出して自分で着なくっちゃ！と思った出来事でした。

しつけがついている
着物にも
出番を作ろう
キャンペーン中
（自分の中で）

コラム 1

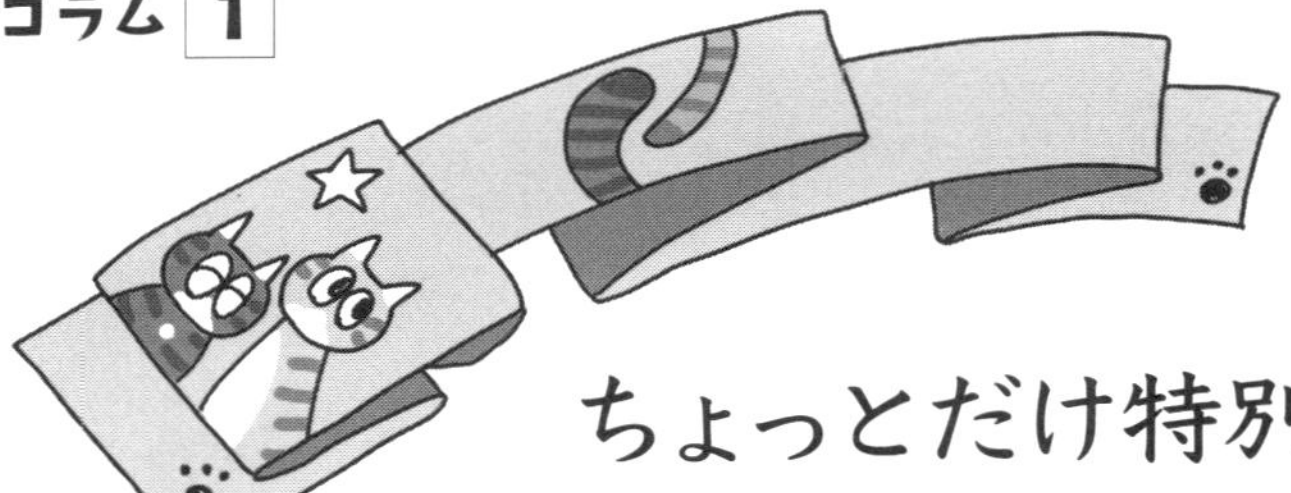

ちょっとだけ特別になれる 着物の時間、着物の楽しみ

着物って、まあいいかと思ってしまうともう着られない。ただ夢中で着ていた頃は過ぎて、時間や精神的にも余裕がないと無理だなあと思うようになってきました。

でも、着物を着たときの浮き立つような喜び。面倒、暑いとか、しんどいとかいいながらやっぱり着物を着るのは特別で大切な時間。そして、着物のことを考える時間も、楽しくて仕方ありません。

だったら毎日着ればいいかというと私の場合そうでもなくて、情報収集したり準備を整えたりして、たまに腕をふるう得意料理みたいなものかも。ちょっとした好物から、みんなで集まったときにしか作らないスペシャル献立まで。でも毎日は着ないからこそ楽しい。

そして箪笥の中に「こんなことがあったら着よう」と着物が待機している幸せもあります。人にはそれぞれ大切なものがあって、私の場合はそのひとつが着物なのだと思います。心を燃やす、薪みたいな。

着物は、気持ちが折れかけたときでも、着れば背筋が伸びる魔法の服。帯があるから、猫背ではいられませんよね（笑）。そしてそれをどれだけ簡単に着られるかを腐心する楽しみ。やめればいいのに、着物に魅入られてしまったからにはしょうがないというやつなんでしょうか。

第1章
着物も変わった？・着物今昔あれこれ

7

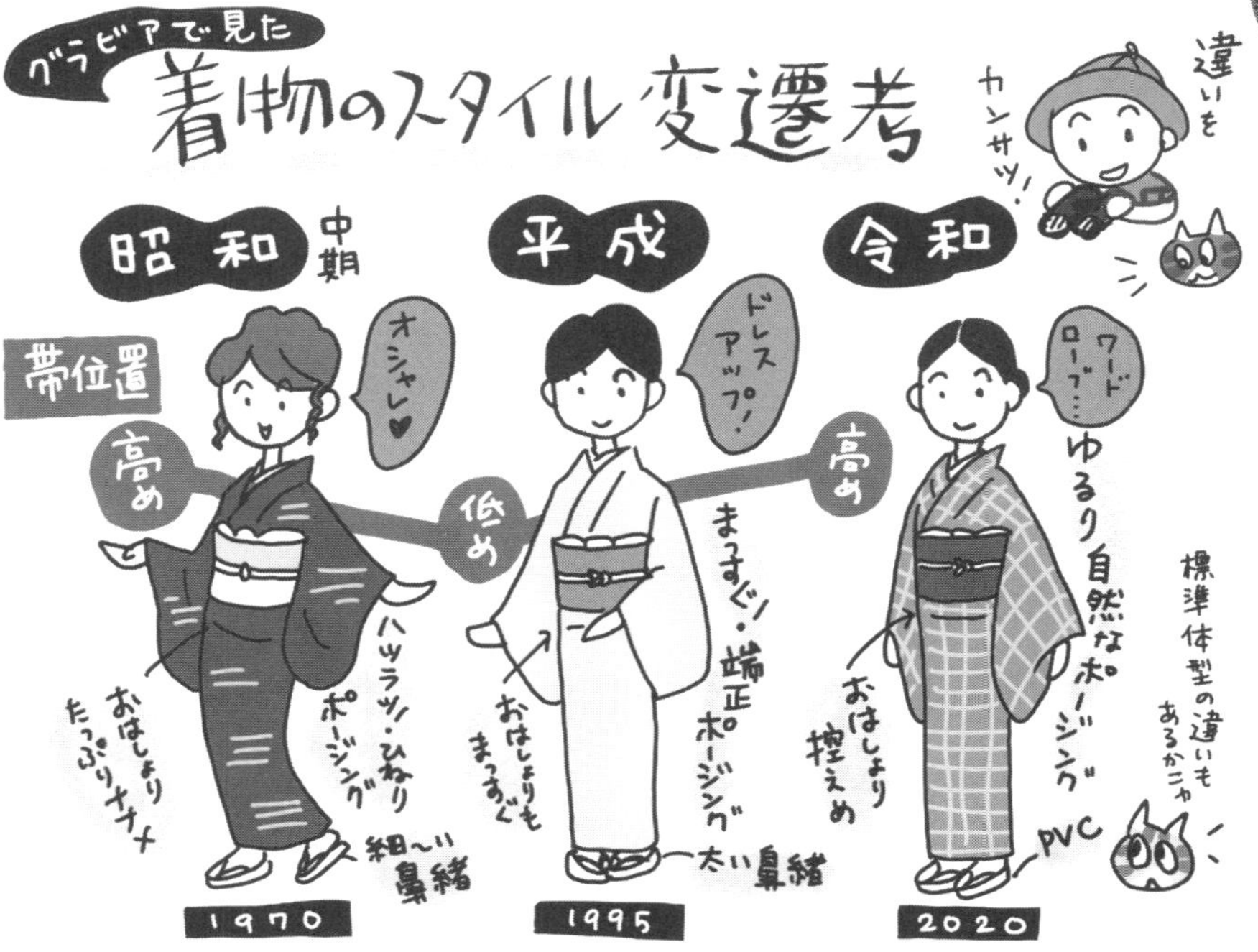

昭和・平成・令和 着物スタイルの変遷考

昭和中期の雑誌で女優さんの着物姿を見ると、今とは着付けもモデルさんのポーズも全然違っています。着物が生活に根付いていたこの頃の着物はファッション。「足長でほっそりスタイルに見えたほうがいい!」と、立ち姿もひねりを加えたり、帯も胸高で、ヒップのまるみも感じられる着付けです。

高度成長期以降は「冠婚葬祭の必需品、高級品」として定着したことにより、着物は日常生活から切り離され、シワひとつない着付けが求められるように。

また少し流れが変わってきたと思うのが平成中期。リサイクルやアンティーク品を安価におしゃれに楽しんで着ようという流行がやってきました。令和な今は、和洋ミックスもなんでもありです。時代とともに、着物のスタイルも変わっていきます。固定観念にとらわれずに、自分の好きな着方で楽しみたいですね。

着物の形は
変わらないけれど
色や柄
素材も変わって
面白い

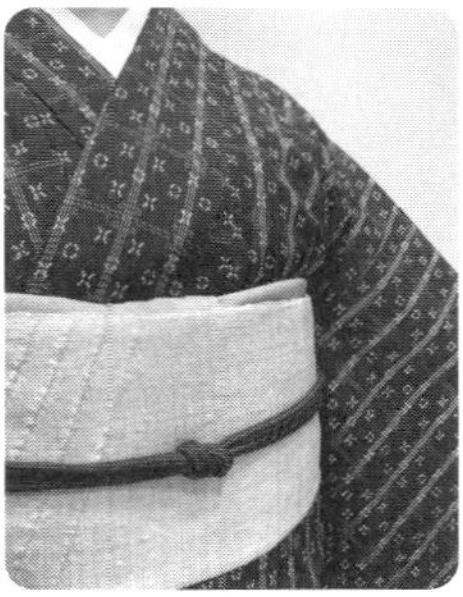

8

昭和な着物雑誌でタイムスリップ!?
ニャンたちの知らない世界がそこに！
平成生まれ
ザ★70年代…
イヤミみたい
カール
メイクやポーズも斬新!!
いろいろスゴイ！
衿ほそーい
帯たかーい
●クイズでダイヤの指輪が!!
ワカメ!?
主婦の友
●ホームコートのつくりかた型紙つき
●小川真由美が細川俊之と夫婦デート♥とか
しかもストーリー仕立て！
え〜っ石立鉄男!?
かっこいい……!!
●男子着物もたくさん!!
●太ったミセスの着付け12のポイント！
etc.

古本屋さんでゲット！ 昔の着物雑誌が面白かった

『きものと装い』という主婦の友の増刊号を古本屋さんで発見。昭和46年10月号、およそ半世紀前の雑誌です。表紙は女優の藤純子《ふじじゅんこ》（富司純子《ふじすみこ》）さん。昭和生まれには懐かしい、若い頃の大女優や俳優さんたちが続々と登場。中身もピエール・カルダンの着物や、ヒッピーメイクに着物など、時代を感じます。

博多織の人間国宝のお話など着物に関しての読み応えのある記事もあるし、男性の着姿写真や着付けも結構な割合です。「きもの姿 男のいき」のコーナーの若き日の石《いし》立鉄男《だててつお》さんがめっちゃイケメンでびっくり！

今とは流行も違うし、帯揚げや帯締めの処理も、えっ、これもいいんだと目からウロコ。もっと自由に着ていいんだな〜という気持ちになるはず。古い着物雑誌でタイムスリップ、おすすめです。

古本屋さんに寄ると
ついつい
探してしまう
昔の着物本

9

衣《ころも》替《が》え先取りはあり？ なし？
衣替えルール令和編　春と夏

着物を着る上で悩ましいのが衣替え。近年はもう4月から真夏日もありますし、秋になってもいつまでも暑い。旧来の衣替えルールを守っていては、とても無理！ と感じます。

普段着の場合は洋服と同じように、暦ではなく気温を目安に着るものを選んでいます。私の場合は23度を袷《あわせ》か単衣《ひとえ》かの境界線の目安にしています。一方、単衣の季節で23度を下回っても袷にすることはありません。

でも、境目の時季に悩んでしまうのが、帯や小物との取り合わせ。

礼装の場合はなるべく本来の時季の取り合わせにして、そうでない場合はもう5月中旬でも、小物は夏物でオッケーじゃん？ と思っています。先取り上等。見ている側も「あら涼しげ」とは思っても、「早い」「寒々しい」などという感想は、真夏日には浮かばないのでは。

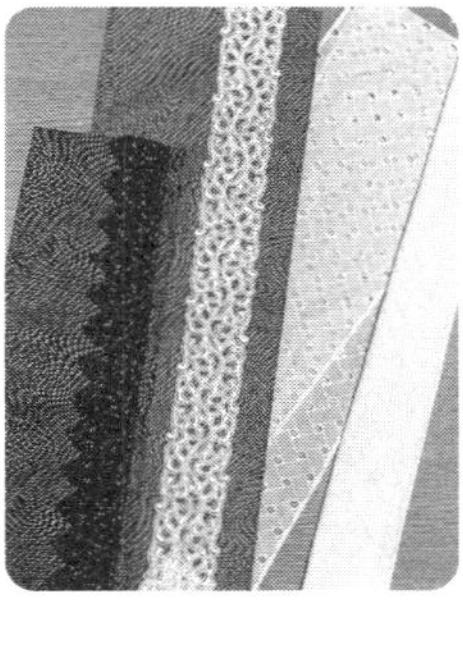

カジュアルな
レースの半衿は
季節問わず
使えて便利

10

autumn・winter
気温に応じて！自分温度で
冬
冬は着物の季節 ハイシーズン!!
首元はストールで
首・足首・手首の3首をあたためて
足袋下ハイソックス
爪皮《つまがわ》つければあったか
指なしロング手袋はスマホにも重宝！
秋
やっぱり袷はしっとりうっとり
紅葉の頃から羽織も
クリスマスやお正月は着物どき!!
まだまだ暑い日も！
単衣の人も多いです
3
2
1
12
11
10

知識として知っておいて損なし、衣替えルール令和編　秋と冬

秋が深まり、やがて冬へ。裏地つきの贅沢な着物「袷」を満喫できる着物のハイシーズンです。重ね着するので寒くないし、おしゃれも存分に楽しめますよね。羽織ものも加わって、コーディネートの楽しみも倍増です。

季節を感じさせてくれるのも、着物の魅力。正解不正解じゃなく、素敵かどうか、そんな基準のほうが、楽しく着られるのでは。

緩やかに、でも自然と季節の決まりを意識した着こなしで「もうそんな季節なのね」と見る人に感じてもらえるのも、着物の魅力かと思います。

そのために、一応の「衣替え」や「格」などのルールは知っておきたい。先人が何を大事に考えていたか知ることはとても興味深く、心を豊かにしてくれます。

せっかく着物を着るのですもの、自分も周りの人も快適な着こなしがしたいですね。

限られた時季しか
着られない
着物や帯は
それが楽しみに
なるというもの

11

雨でも！夏日でも！着物を楽しむ方法

雨でも夏日でも！マイルールを決めておけば楽しめる

普段着物を楽しむには、人の目や決まりを気にするのではなく、自分が着て心地よいのが一番。

私の場合は、雨だったら洗える着物か洋服にスイッチングするか、どうしても正絹を着たかったら完全防備する、そのための装備を備えています。気温については、23度くらいを境に、袷の季節でも単衣に袖を通します。

そんな緩めのマイルールを作っておくと、天気の心配をしすぎないで、気負わず着物を楽しめるような気がします。無理と思ったら着なくてもいいし、着たいと思えば着ればいい。

人生も同じ。なにもかもはうまくいかないから、許容範囲を大きくしておいて、アクシデントもそんなもんかと対処できるようになると楽になるなあ、とおばちゃんになってしみじみ思います。

雨の日は
置き忘れのないよう
大きめの
折りたたみ傘と
吸水ポーチを愛用中

12

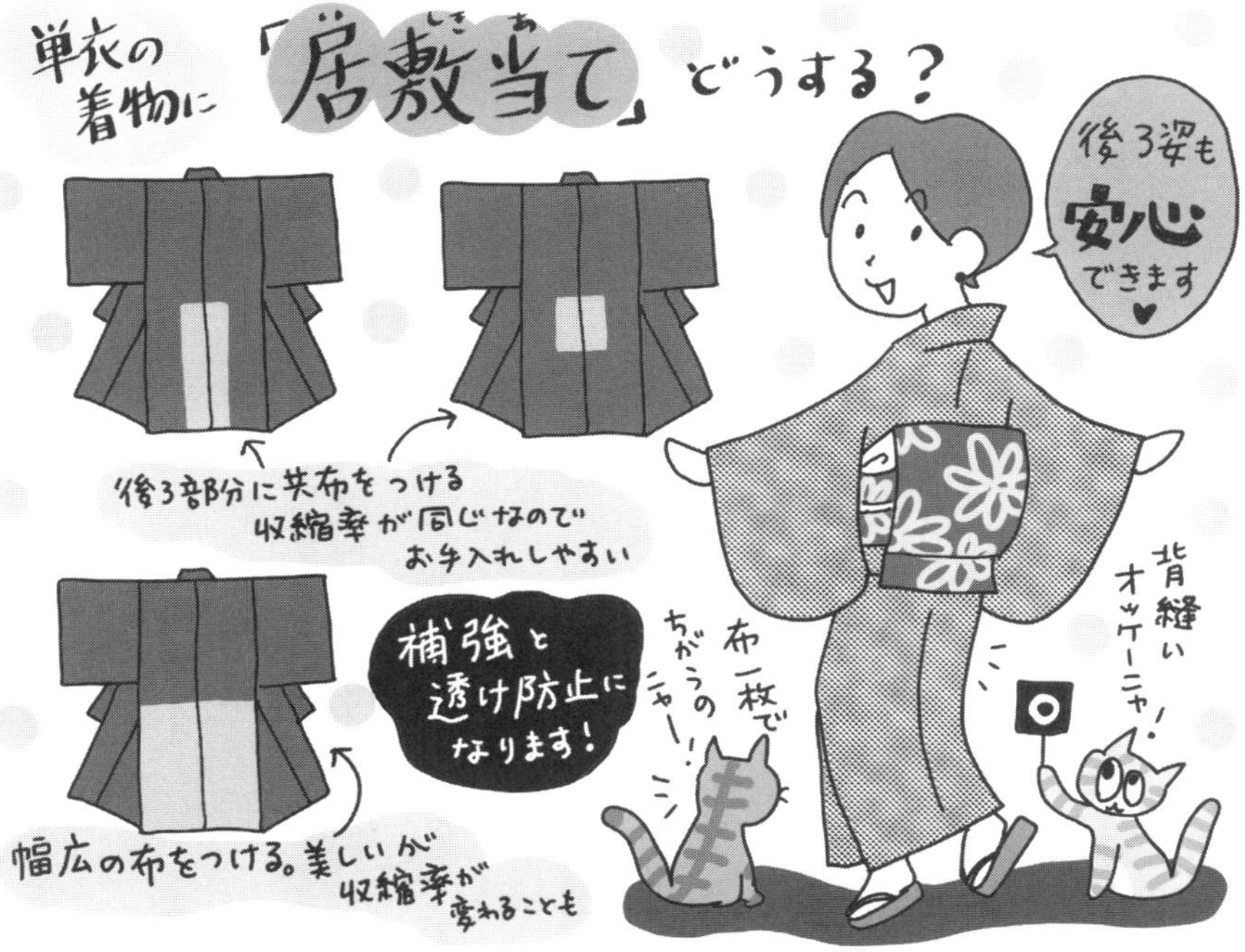
単衣の着物に「居敷《しき》当《あ》て」どうする？
後ろ姿も安心できます
後ろ部分に共布をつける 収縮率が同じなので お手入れしやすい
補強と透け防止になります！
幅広の布をつける。美しいが 収縮率が変わることも
布一枚でちがうのニャー！
背縫いオッケーニャ！

単衣の着物に「居敷当《いしきあ》て」つける？つけない？

単衣を仕立てるとき、お尻に居敷当てをつけるかつけないか選ぶミッションがあります。居敷当てをつけると、下半身の透け防止と、背縫いの「被《き》せ」部分の補強にもなります。

居敷当てをつけることのデメリットは、布が1枚増えるので暑い。別布でつけると洗濯のときに表地との収縮率が変わることがあり、お手入れに注意が必要。生地代、仕立て代がアップする、などがあります。あと、長襦袢を透けさせて楽しみたい着物などにつけると、そこが透けなくなるのでNG。

でも、この居敷当てがあると安心して着られるのですよねー。暑い時季にうそつき衿にステテコ1枚で着られるので結果暑くない！　着物の素材によってふさわしい居敷当ての種類も変わりますので、お仕立てのときには相談してみてください。

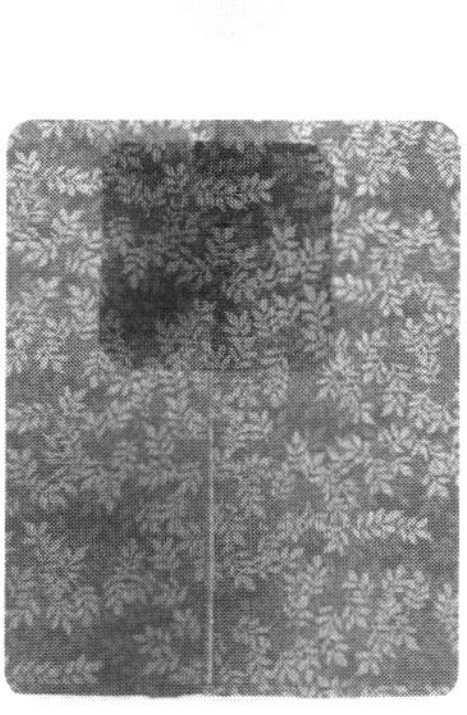

ウールなどには
びりっと裂けやすい
お尻のところだけ
共布がついている
ものが多いです

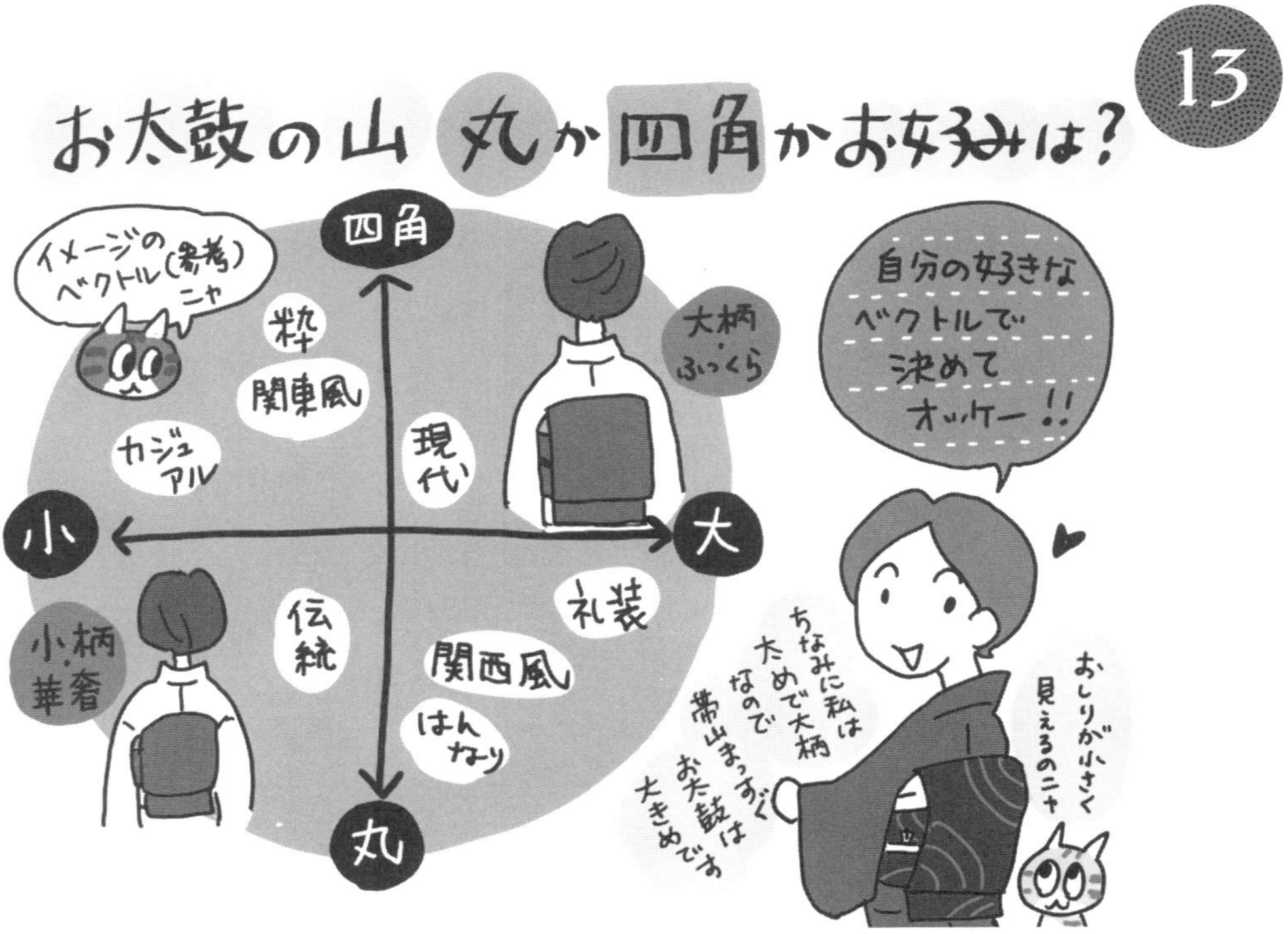

帯のお太鼓の山は丸くするか四角くするか

お太鼓の山の形にも好みがありますよね。好みとともに、体型にも関係があると感じます。着付けのときは背の高い方やふくよかな方は、お太鼓を大きめに。小柄な方や華奢な方は控えめにというのを心がけています。

今まで着物を着てきていわれたことや調べたことをまとめると、四角いお太鼓は現代的、粋な感じ。丸いお太鼓はやさしく、はんなり。関東ではまっすぐ、関西では丸いラインが好まれるとも。粋筋の人は帯山がまっすぐ、素人さんは丸くするものよといわれたこともあります。

お太鼓の形や大きさには正解はなく、個性と好みで決めてよい。着付けや着姿も然りです。自分に合っていて、気持ちよい方法や形をチョイスしてくださいね。

大柄な私は
背中が小さく
見える
お太鼓結びが
大好き！

14

帯締めの表と裏の見分け方は…？

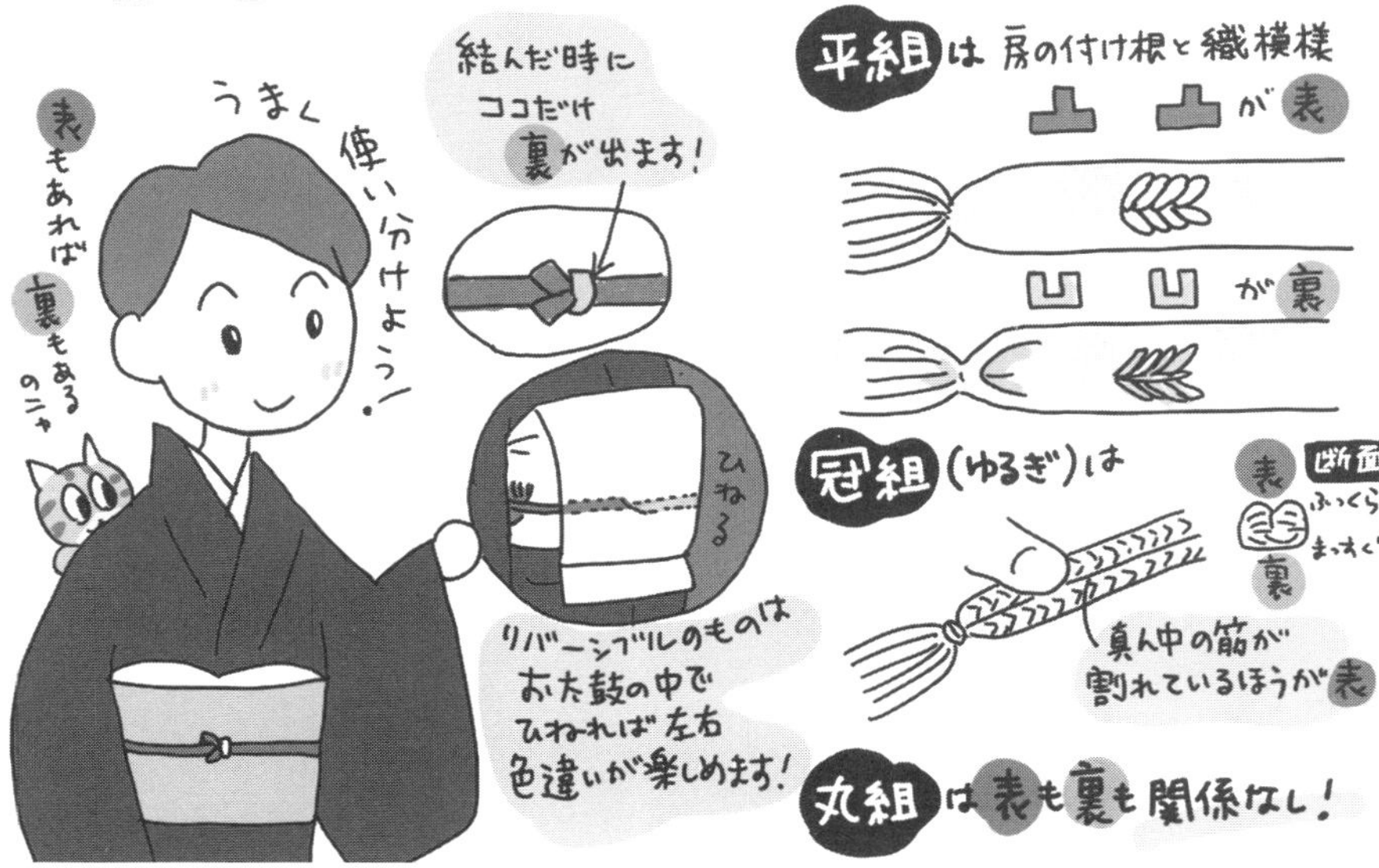

うまく使い分けよう！
表もあれば裏もあるのニャ
結んだ時にココだけ裏が出ます！
ひねる
リバーシブルのものはお太鼓の中でひねれば左右色違いが楽しめます！
平組は房の付け根と織模様
凸 凸が表
凹 凹が裏
冠組（ゆるぎ）は
表
断面
ふっくら
まっすぐ
裏
真ん中の筋が割れているほうが表
丸組は表も裏も関係なし！

帯締めにも裏と表があるんです！凹凸が見分けポイント

帯締めは房の付け根のしぼってある部分が膨らんでいるほうが表、凹んでいるほうが裏。組み模様や刺繍などがある場合はふっくらしているのが表です。

留袖などに使う白と金銀の帯締めは、金銀がゴージャスなので表かなと思いきや、それが裏。冠組《ゆるぎ》の場合は、真ん中に1本筋が入っているほうが表になります。

今はリバーシブルで裏表で違う表情を楽しめるものが増えていますね。帯のお太鼓の中でくるっとひねって結ぶと、左右の色が変わってそれも素敵。

帯締めの裏表が違っても、正直人が見てもあんまりわからないもの。でも、知らないで裏表間違えているのと、ちゃんと表を出している、もしくは崩して楽しんでいるというのでは全然違うと思います。ちょっと胸を張って、装えますすよ。

道明など
タグがついている
帯締めは
ついているほうが
裏側です

15

Q1 「帯付《おびつ》き」って何？
Q2 失礼ってホント？
A1 上着（道行やコート等）を着ない
着物姿を「帯付き」といいます
コレ
A2 「失礼にあたる」という感覚は
今はあまりない
汚れや寒さ防止には羽織もいいけどショールも便利
さっと羽織れるよ♥
帯も隠せます
キレイ
ニャー
昔は上着を着ないで外出するのは
玄人さんだけだったから一般の人は帯付き姿では出歩かないという説も…
いわゆる「着物姿」ニャンね！

「帯付《おびつ》き」って失礼なの？ ショールがあると便利です

「帯付き」とは、上着を着ていなくて、長着と帯だけの姿のことです。春先、上着なしで外出できるようになると「帯付き」となり季節が移ったな、と感じます。一方で、「外出するときは上着（道行《みちゆき》、コートなど）を着るのが礼儀」で、帯付きは失礼とはいわないまでも気軽な装い、というニュアンスもあるのだそう。

　フォーマルなおでかけなどでは道行を着て、といわれることもあります。華やかな装いを見せびらかさないという意味もあるのかも。機能的には防寒と汚れ防止ですよね。羽織はカジュアルな装いとなります。

「羽織やコートを着るほどの気温ではないけど……」というようなときにはショールが便利。昼間は暖かくても夜冷え込むとき、冷房が強いときなども1枚あるとさっと羽織れて重宝です。

薄物の羽織や
コートは
涼しげで
素敵だけど
暑いんだあ～！

16

掛《か》け衿《えり》(共《とも》衿《えり》)の位置のこと 今昔

掛《か》け衿《え》《り》の縫い目の位置に注目してみると

掛け衿（共衿《ともえり》）の長さって意識したことはありますか？掛け衿はそもそも、傷みやすく汚れやすい衿をカバーするもの。昔は取り替えられるように、着物の反物を裁つときに、共衿二枚裁ちといってあらかじめ掛け衿を2枚とっておくこともありました。

身長が高い人が増えた今は掛け衿は長いほうが一般的で、縫い目の位置はどんどん下のほうになってきています。中には寸法指定して長くして帯に完全に隠れるようにする方も。量産の浴衣などでは衿は1枚の布だけど、掛け衿の位置にタックをとった「なんちゃって掛け衿」みたいな縫い方もあったりします。

私の持っているものも、自分で誂えたものは掛け衿が長いし、昭和な頃のものは短い。あとは体型にも関係しますから、自分好みの位置を探ってみては。気になり始めると止まらない細かい部分のひとつです。

ついついよそ様の
掛け衿の位置が
気になって
見つめすぎない
ようにしたい（汗）

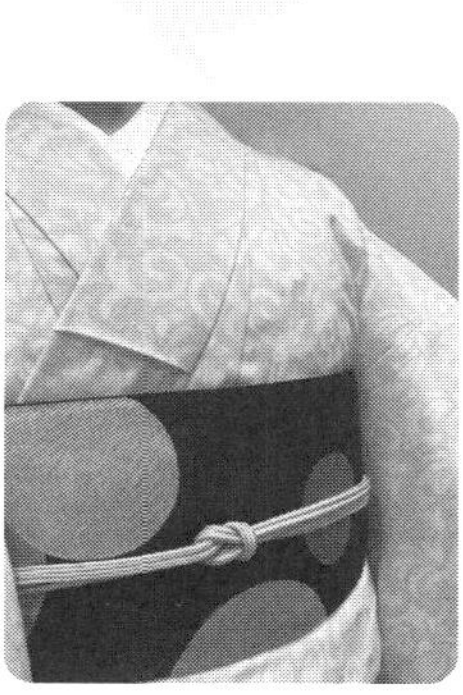

17

肌襦袢の衿は見せるの？見せないの？

肌襦袢の衿、衣紋《えもん》から見えるのはいいの？

昔ながらの肌襦袢は、衣紋のところが詰まっている形のものが多いです。なぜなら、ぐっと深く抜けているのは、花嫁さん用くらい。今ほど衣紋を抜いて着なかったから。また見せて着る着方もあったから。

肌襦袢に細い衿（小衿《こえり》）がついている場合は、その衿に沿って襦袢を着ることでストッパーになって衣紋が安定し、汚れを防いでくれる役割も果たしてくれます。

今は、この肌襦袢の小衿を見せて着るという着方をすることが少なくなりました。昔より衣紋をしっかり抜く着方が増えたためか、この小衿のない肌襦袢やスリップ型の肌着が増えています。礼装などでは肌襦袢の衿は見えないように着付けることがほとんどです。

小衿が見えていると「見えてはいけないものが見えちゃってる」気持ちになることもあるかもですが、そういう着方もあると心得ておくといいと思います。

着物が普段着だった
時代の着方で
これも衿周りの
汚れを防ぐ
工夫のひとつ

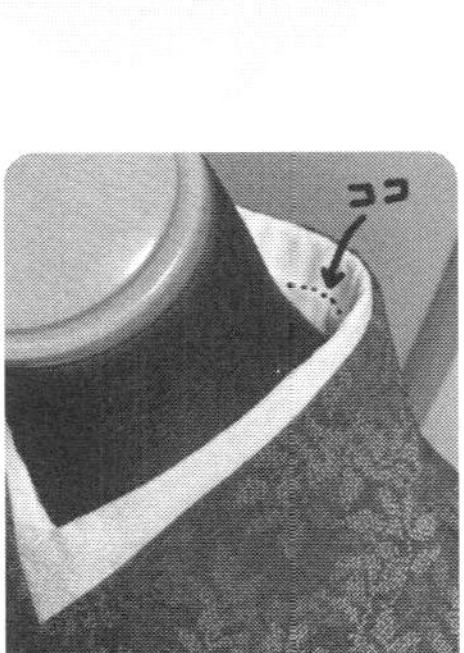

18 身丈の短い着物を楽しむ2つの方法

「つったけ」ともいう
対丈《ついたけ》 or 和洋MIX
おはしょりはウエストで作って帯の中に隠すと着くずれしにくいです！
カジュアルはなんでもOK！
短く着ちゃう！
パーカーとあわせても
上からスカートをはいちゃう！
裄が短くてもキニシナイ方向
見せ襦袢でかわいく！
スカートinでも！
おはしょりラインがないと足長見え〜!!
テッパン！のブーツコーデ

身丈の短い着物もあきらめない！対丈《ついたけ》&和洋ミックス

サイズが小さい着物は礼装では難しいかもしれませんが、普段着やファッションだったらいろんな楽しみ方ができます。

身丈が短いものの場合は、対丈で着てしまう。女性の着物は男性の着物とは着方が違うので、対丈で着ると着崩れやすいのですが、帯の中に収まる位置におはしょりを作ってしまいます。いつもより、腰紐《こしひも》を高い位置にするのがポイント。対丈で着物を着ると、おはしょりが見えない分すっきり見えて脚長効果もありますよ。

もうひとつの方法は、裾を短く着てスカート感覚でブーツや靴を履く。袴《はかま》やスカートを上にはいたり、見せ襦袢を下にはいても。短く着付けると和洋ミックススタイルと相性がいいので、いろいろ楽しんでみてはいかがでしょうか。

パーカーを着ると
衿汚れも防げるし
可愛いし
あったかい！

19

刺繍の半衿をしーっかり見せるには

お気に入りの半衿を見せちゃおう！
1
襦袢の衿をしーっかりと抜く！
2
衿のあわせの角度が鈍角になるようにあわせる
持ち上げるくらいの気持ちで!!
3
鈍角
耳の下あたりで1cmくらい半衿が見えるように着物の衿をそわせる。
着物の衿はやや鈍角になるくらいにあわせる！
NG
・襦袢の衿あわせの時下にひっぱる
・襦袢の身幅が足りてない
キレイニャ！

刺繍の半衿をたっぷり見せる大正ロマン風着付け

刺繍や綺麗な柄の半衿をしたら、しっかりと見せたいのが人の常。半衿をたっぷり見せて着付けるコツは、まず最初に「衣紋を思い切って抜く」こと。

その次に「襦袢の衿をこれでもか！と深く合わせる」ことです。衿が合わさる角度が鈍角になるようにします。襦袢の衿を胸の外側を通るように深く、下に引かず真横に、むしろ持ち上げるくらいの気持ちで合わせます。

そして最後は、「耳の下あたりで1センチくらい半衿を見せて着物の衿を合わせる」です。こうすることで、半衿が見える面積が増えます。これも衣紋をしっかり抜いて、首の横で衿が寝ているような状態でないと難しいです。すべて衣紋の抜きと連動しています。最後に着物の衿を浅くやや鋭角に合わせれば、素敵な半衿が主役になりますよ。

耳の横より後ろから半衿をのぞかせるとgood！上に着る着物の裄も少し長くなります

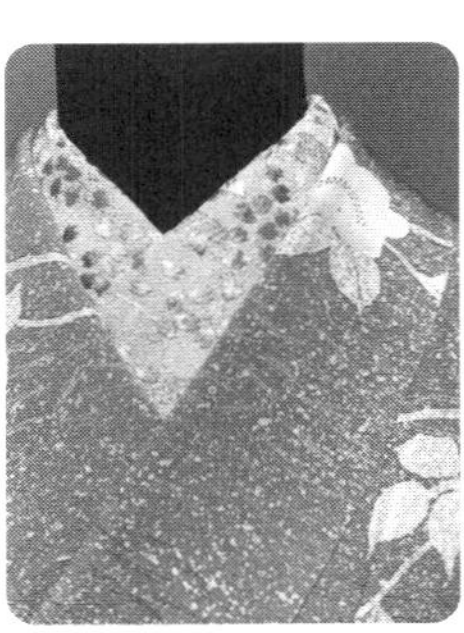

20
夏！女子もステテコ★！
着物にも！洋服にも！
麻め〜っちゃオススメ
ロングスカートやワイドパンツの下にも！
足の間の汗取りと透け防止に手放せません！
綿楊柳
シルクや麻
ブルマー型も
エアリズムなど新素材
ローライズが便利
いろいろ選べて楽し〜い♥♥
太ももの間ヒザ裏もけっこう汗をかいている！
空気の層ができるのがミソ！
＊透けにくい色柄で！
＊ゆとりがあるほうが涼しいヨ!!
ムシムシの日本の夏にピッタリなのニャ！
猫用はニャイのか〜

女子もステテコ！はいたほうが暑くない

ステテコは、明治時代に男性の袴や着物の下にはくものとして誕生し、昭和ではスーツのズボンの下に汗とり、また家でくつろぐお父さんがルームウエアとしてはいていたものです。高温多湿の夏にピッタリな日本独自の肌着なんです。

着物や浴衣を着たときの汗とりに、女子もステテコがおすすめです。もうとっくにはいてるわ〜という愛用者も多いことでしょう。そんな私も熱烈なステテカー（っていうの？）。夏は涼しく冬は暖か。裾よけ代わりにも一年中手放せません。ロングスカートやワイドパンツの下にもいいですよ。

少しでも着るものを減らしたほうが涼しそうなものなのに、適正なインナーを着たほうが涼しいということの不思議。「汗とり」を見直すと夏の着物がぐんと快適に楽しめます。

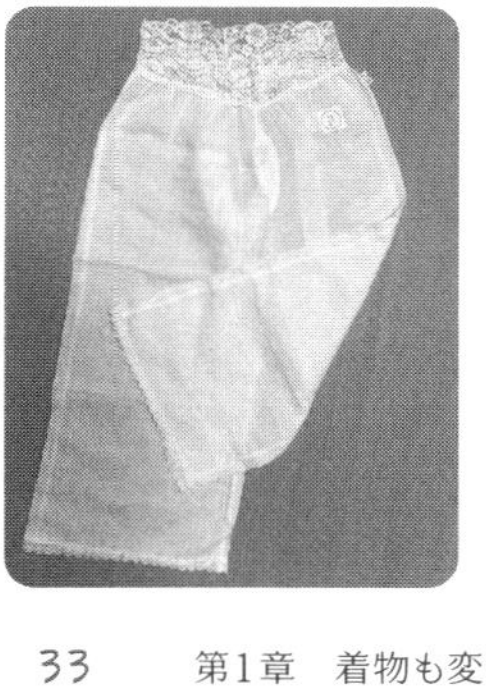

ローライズでおパンツなしでもはけるたかはしきもの工房のステテコ最高です！

21

昭和男子のルームウエア！男着物でリラックスの巻
昼寝も
らくちん
あぐらも
ゴロ
吾輩は猫でアール
原稿はiPadだニャン
なにこれ！
楽すぎる――ッ！
山さんや波平さんの気持ち理解!!
ちょっとクセになりそう…♥

男着物を部屋着にしてみたらめっちゃ楽だった！

家でも着物で過ごしたいけれど、やっぱり帯がしんどい。半幅は楽だけど、でもやっぱりお腹のところに幅広く生地が巻かれているとそんなにリラックスした気分にはなれません。

それで夏にちょっと思い立って男物の麻の着物を兵児《へこ》帯でTシャツとステテコの上に着てみたのですが、これが楽で楽で……びっくり。

楽だけど、全身包まれているのでほっとするような感覚もあり、『太陽にほえろ！』の山《やま》さん、『サザエさん』の波平《なみへい》さんや昭和なお父さんたちが、自宅に帰って着物に着替えてくつろぐ気持ちがわかったような気がします。

ウエストではなく、丹田のあたりを帯で締めると体も楽だし、お腹周りも一切圧迫されないのでストレスフリー。しかもそれで原稿とかを書いていると、文豪気分（単純）。ちょっとハマってます。

ついに外出も！
女子トイレに
ちょっと
入りにくい以外は
無問題でした

22 着物に割烹着の歴史を調べてみたよ！

袖までカバー！ 頼れる味方
割烹着《かっぽうぎ》の歴史を辿る

割烹着のルーツは1902年（明治35年）に赤堀割烹教場（現赤堀料理学園）で女性が和服で調理しやすいように考案されたものといわれています。やがて日本女子大学の実験着や作業着としても取り入れられ、一般に普及していきました。

大正にはカフェーの女給さんの制服として、レースやフリルつきの可愛いものが誕生。戦時中には「国防婦人会」の制服として割烹着にたすき掛けの姿が愛国婦人の象徴となった時代もあります。この頃の衿の形は三角。戦後は「お母さんの作業着」として、和服だけでなく洋服にも、腕までカバーできるエプロンとして愛用されました。

割烹着にもその時代の流行があり、現代では和服で着る場合は裾が長く、シンプルで汚れが目立ちにくい色のものが好まれているようです。

『ゴールデンカムイ』
最終回で
梅ちゃんが着ている
明治の割烹着は丸首
（コスプレ失礼）

23

お宮参りの赤ちゃんと祝い着（産着 掛け着 ともいう）
一つ身・初着 のしめなど呼び名いろいろ
ばあばの晴れ舞台！
父方の祖母が抱くとされてきましたが 今はこだわらなくて
OK!
大黒帽
よだれかけ
祝い着
背中には…
お守り袋
麻紐 扇子
紐銭
でんでん太鼓
犬張子 etc.
いただいたご祝儀袋を下げる地域も
付け紐の飾り縫い
紐は男子は「わ」が上，女子は下につける

お宮参りには「祝《いわ》い着《ぎ》」赤ちゃんは誰が抱っこする？

お宮参りとは、赤ちゃんが無事生まれて1ヶ月を迎えたことを、産土神社に報告に行く御詣りのこと。お宮参りといえば赤ちゃんに掛ける着物、「祝い着」「掛《か》け着《ざ》」がありますよね。

祖母が赤ちゃんを抱っこする写真をよく見ますが、調べてみると母親が抱っこしない理由としては、出産後悪露も終わってないことから赤不浄といって2ヶ月ほどは穢れた状態であるとされていたため。さて私はどうだっけと思い返してみると、祖父母は遠方で呼ばなかったので母親である自分が抱っこしてました(爆)。だめじゃん！

今は誰が抱っこしてもいいですよ、と神社でもいわれます。祝い着の背中につけるお守りなど地域によっていろいろありますが、形はどうあれ、みんなでハッピーにお祝いしたいものですね。

体調が戻らず
産後3ヶ月で
お宮参りに。
自装で頑張った
いい思い出です

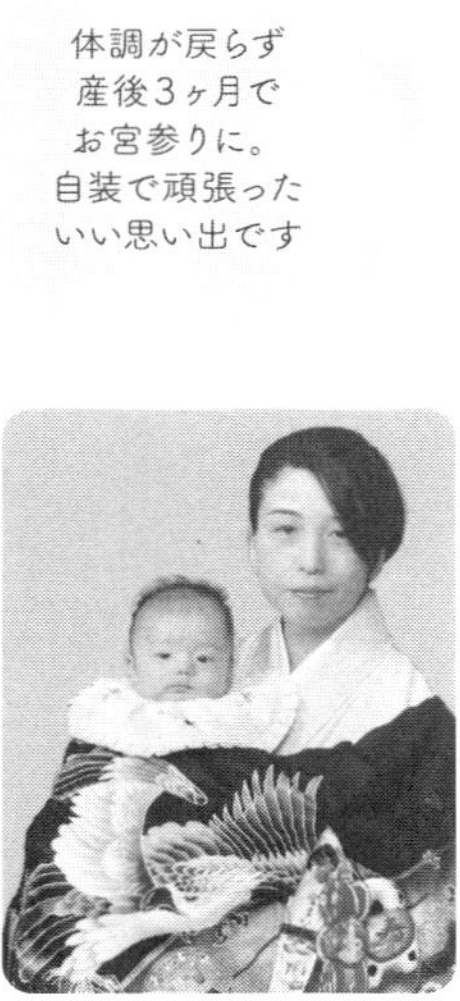

24

兵児帯《へこおび》っておんぶ紐にもなるんですー
幅50~74cm
(中) (大)
長さ3.5m
~4m
縮絞り(ゴーカ!)
端絞り
前バッテン
着物でももちろんイケます!
便利!
家事もできちゃう~
おしりのところは布を広く使える!
若いお母さんは知らないのね!
高齢出産
アフリカの布かなんかですか?
ステキ!
首が据わったら兵児帯おんぶOK
今は前だっこが主流ニャン

絶滅危惧種? 兵児帯で赤ちゃんをおんぶする

今は赤ちゃんは前抱きが主流で、街でもおんぶしている人はあまり見かけなくなりました。私が子育てした20年前はまだおんぶ派もいました。

昭和に母がしていたように、私も父の兵児帯でおんぶをしていたのですが、若いママに「それはアフリカの布ですか?」と聞かれたときはショックでした(笑)。昭和は遠くなりにけり。

でも兵児帯おんぶは、なかなかいいんですよ。正絹で蒸れないし、持ち運びもかさばらない。前がバッテンなので洋服だと胸の形が出てちょっと恥ずかしいのが欠点。これも着物文化とともに、消えていくスタイルなんでしょうか。

おんぶは子どもを寝かしつけながら、家事もできるしなかなか便利。外ではしないけれど、家ではするという方、兵児帯も機会があれば試してみて~。

兵児帯でおんぶした上から「亀の甲半纏」をかけてほかほかの昭和スタイルです

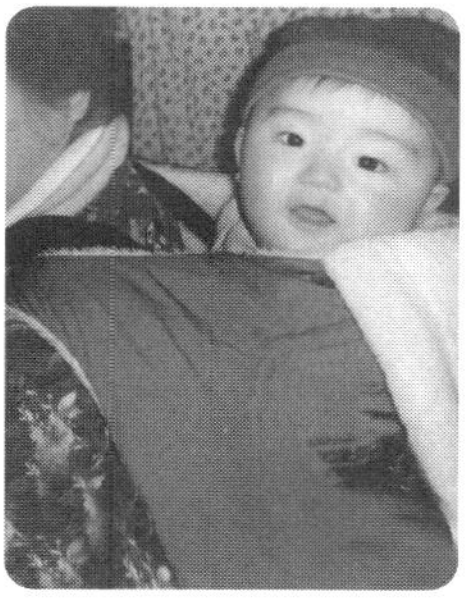

25

今や定番!? 卒業式の女子袴っていつから？

明治期に女学生が着始める
矢絣にえんじの袴が定番！
自転車も！運動会も！
昭和になり制服化、洋装化で袴は衰退
式服としては残る
1980年代女子の進学率が上がるのと同時に卒業式の式服として袴姿が増加
大正の高畠華宵や竹久夢二の絵ではスカートみたい
←パンプス！
平成
一尺三寸五分丈が多かった
令和
定番！大学だけでなく小・中・高でも！
卒業
二尺の振袖に
70年代後半のマンガ『はいからさんが通る』ブームも影響!?
いつの時代もカワイイにゃー

卒業式の女子袴はいつから定番になったのか？

今や定番の大学卒業式での女子袴姿ですが、袴姿自体はもともと式服として存在したのが、１９７０年代から女子大生の数が増えたのに伴い増加。１９８０年代初期から袴をはく絶対数が増え、今では袴で出席するのが主流に。業者が着付けもセットでレンタルを始めたのと普及の時期も重なります。

また「袴に振袖を合わせるのは最近のことだ」と思っていたのですが、大正時代の高畠《たかばたけ》華宵《かしょう》の絵にも振袖に袴の若い女性がたくさん描かれていますし、もともと袖が長い着物に合わせるほうがスタンダードで、むしろ70～80年代の普通の袖丈の着物に袴、という流行のほうが少しイレギュラーだったのかもしれません。着物はルールが厳格なようでいて、細かい常識や流行も時代によって変化しているものなんですね。

袴の紐の「乙女結び」リボンは右寄りでも左寄りでもOK

26
卒業式だけじゃあない!?
女子袴
本来は活動着！
らくちんでーす!!
着物に袴をつけるとめっちゃ動きやすくなります!!
普段着にもっととり入れてもヨイのでは！
巫女《みこ》さんの緋袴も動きやすいよい仕事着
洋服のスカートを袴風にONしても！
履きものもなんでもOK
スニーカーもらくちんです
アコガレ♥
タカラジェンヌの
緑の袴に黒紋付

袴をはくと格段に楽に動けます
もっと普段に袴を！

袴をはくときは着物を短く着付けるので、裾さばきが格段に楽になります。足元も草履《ぞうり》ではなくブーツや靴でもいいので、ばさばさ歩いても、走ったって大丈夫！　さすが明治の活動服です。

『フォントかるた』というかるたを友人たちと作っているのですが、かるた大会もやっぱり袴ですよね！　激しい動きをしても平気です。

以前装束の着付けを勉強していたときも袴姿で着付けをするのが基本でした。「女子袴普及部」というのがあって、袴でどんどん外出もしていました。別に卒業式じゃあなくても、袴をはいてもいいんだなと味をしめ（笑）、袴で外出も平気になりました。

袴の代わりに洋服のスカートを着物の上にはく人もいます。とにかく足さばきが楽なので、もっと普段から袴をはいてもいいのではと思うのでした。

弥生美術館の「はいからさんが通る」展に着物友達と袴で集合！

27

憧れの花嫁着物 白無垢《しろむく》の下はどうなってるの？

花嫁衣装の白無垢（打掛《うちかけ》）の中は「掛下《かけした》」と呼ばれる振袖。比翼《ひよく》がついていて、裾に綿も入っているゴージャスなもので、おはしょりをつくらず、裾引《すそひ》きで着ます。帯は文庫結びにします。

真っ白な帯締め帯揚げを結んだら、最後に抱《かか》え帯を丸帯の下線のところに結びます。後ろから見ると、リボンが2つあるようで本当に可愛い!!

ぜーんぶ真っ白な、可愛らしい掛下姿は、ウエスト部分が高いので、腰の丸みもふわりと見えて、裾引きがまるでトレーンをひいたウエディングドレスみたいで本当に美しくて可愛らしいのです。裾の長い純白の大振袖にうっとりです。

掛下姿は上に白無垢を羽織るのでほとんど見えないんですよね。もったいないけれど、それが日本の美なのかも。

華やかな
色打掛もいいけれど
光沢のある正絹の
白に白を重ねていく
白無垢は美しい

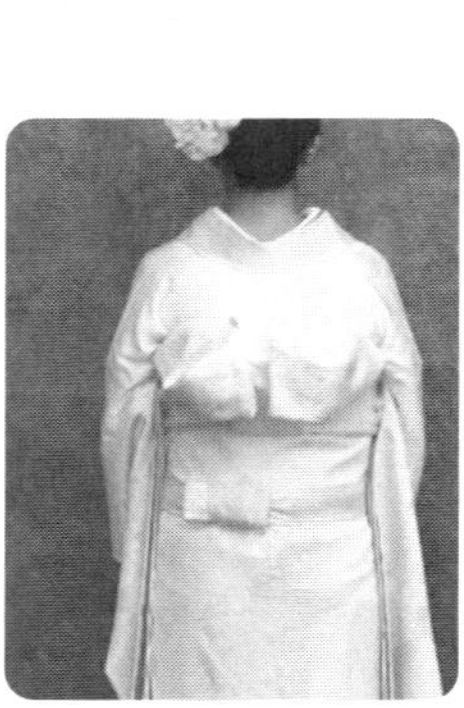

28

30年前に作ってもらった3枚の色無地のおはなし

3枚の色無地が覚えている人生行事のあれやこれや

30年ほど前、社会人になりお茶を習い始めたと母にいったところ、だったら、と嫁入り着物の前払い（？）のように一ツ紋の色無地を3枚仕立ててくれました。どんな色がいいかといわれて、スクールカラーの臙脂色《えんじいろ》を頼んだら、濃い色は玄人さんっぽいのでおすすめしないと京染《きょうぞ》め屋《や》さんにいわれたそうで、却下されてしまいました。

希望は通りませんでしたが、実家の家紋「檜扇」入りで白緑《びゃくろく》（薄い竹色）、梔子色《くちなしいろ》（黄色）、紅掛空色《べにかけそらいろ》（薄い青紫色）の美しい色無地が仕立て上がりました。母の見立てでしたが、どれも私の顔映りがよく驚きました。行事のたびに着ているので、その折々の思い出がたくさん詰まっています。

その母も今はもういません。体型や年齢や流行が変わっても現役の、大切にしたい着物たちです。

白緑の色無地は地紋がゴージャス。『きものSalon』の取材もこの着物で受けました

29
いつかは欲しい！憧れの紗《しゃ》袷《あわせ》という着物
薄物2枚の着物を1枚にした贅沢さ…
しかも着用期間が年に10日間だけ！？
絽
紗
＊今は単衣の時期ならOK！といわれてます。
夏の帯を合わせます
猫なら換毛期かニャー…
うーんステキ
透ける生地同士で生まれるモアレが幻想的ニャー
戦後5月末の東をどりで新橋芸者が着たのが流行の発端とか…

薄物を重ねる究極の洒落着「紗袷《しゃあわせ》」という着物

紗袷とは、絽《ろ》と紗《しゃ》、もしくは紗を二重（無双《むそう》）に仕立てた着物のこと。いずれも透ける生地が二重になっています。そして、仕立てもとても難しいもの。戦後新橋の芸者さんが5月末の「東《あずま》をどり」で着てから流行したものといわれていて、着用期間が袷から単衣に切り替わる5月末～6月頭のほんの10日間だけともいわれるほどの贅沢な洒落着です。はっきりと見えない模様がなんとも儚く、モアレ模様が幻想的です。

今は単衣の時季に、単衣代わりに着てもよいという感じでしょうか。秋に着る方もいるので、秋の模様の紗袷もあります。

いつ、なんでも好きに着ていいという自由さの一方、これをこの時季限定で着る！みたいな特別さもまた捨てがたい着物の魅力なのかもしれません。

ついに手に入れた
憧れの紗袷。
「東をどり」に
着ていくのが
次の夢です

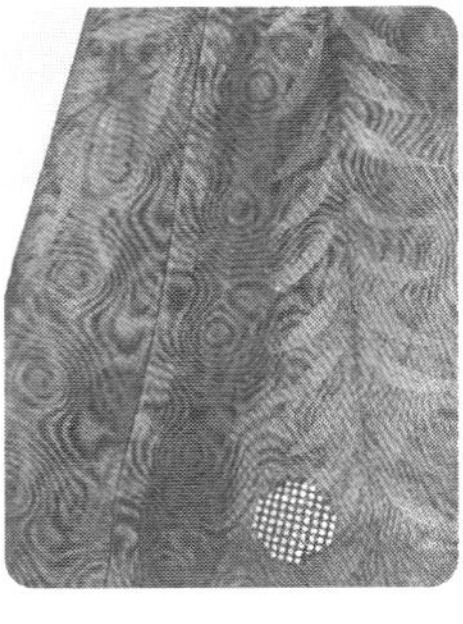

30

秋の夜長の
名残の月の着物雑感…
春
どんな着物を着ても華やかで輝く♥
夏
忙しくてタイヘンだけど美しい時季
秋
ちょっと落ち着いて楽しめる豊かな時間
最後は受け継ぎたいと思ってもらえるようなタンスひとつに…
冬
ゆったりと自分のペースで
まずはタンスの整理からニャよ！
いやぁー それぞれの着物のよさがあるもんだねー

秋の夜長に徒然思う 着物と人生、春夏秋冬

お茶の世界では、10月を名残月と呼ぶそうです。11月は炉を開き、新しいお茶の口切りをするいわば「お茶のお正月」。10月は1年かけて味わってきたお茶をいただくのも、また風炉でのお点前もお終いの月。これが最後と名残を惜しみつつ、来る新しい季節への思いを巡らす月なのですね。

また季節は巡ってくるといっても自分も年齢を重ねて、まさに今青春時代！の我が子を見ていると、なるほどもう春は私には巡ってこないのだなあと実感します。

まだ暑いけれども本当に暑くて大変だった夏も終わり、今は人生の秋なのでしょうか。老年期を冬とするならば、派手さはないけれどゆっくりと上質に、寒さの備えをしっかりとして落ち着いて静かに暮らせたらいいなあと夢想しつつ、ひとり着物をたたむ夜でした。

心が沈んだり
焦ったり
そんなときには
お茶でほっと一息。
落ち着きます

コラム 2

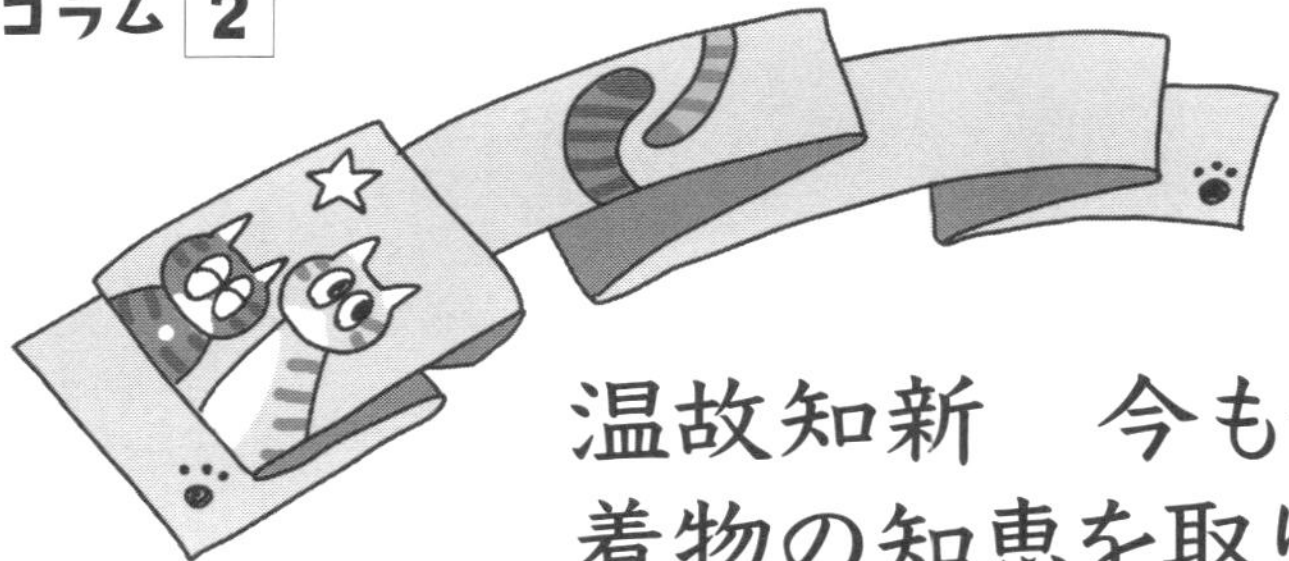

温故知新　今も昔も自由な着物の知恵を取り入れよう

今着物の「ルール」といわれているものができたのは、古いものでも100年前程度。着物が日常着の頃にはもっと自由な着方がたくさんありました。私たちが「新しい」と感じる和洋ミックスの着方も、明治時代からあるのです。少しでも簡単に着るためにいろんなことが考えられてきましたし、普段着物はファッションであり、自由なもの。

半世紀前の雑誌を見ても、ちょっとでも細く見える着こなしとか、便利グッズの広告とか、今求められている情報とさほど変化がありません。江戸時代以前に遡っても、面白い知恵はたくさん残されています。

今はYouTubeなどで、着物についてもいろんな着方や裏ワザまで見ることができます。どれが正解ということはなく、自分でトライしてみて気に入ったものを取り入れていけばいいですよね。

昔の知恵と今の知恵、時代と手法は違っても「着物が好き、着物が着たい」という気持ちを満たしてくれる素敵な情報にアンテナを張って、さまざまな考え方に触れるのはとても楽しいものです。

もちろん、実際に着物を着る人から、直接聞く着物話は宝物。決まりを守るためではなく、自分のトキメキと好奇心のために、もっと着物を知って着たいなと思います。

第2章
すぐ使える！本当に役に立つ着付けの裏ワザ30選

「うそつき」で簡単便利なおキモノ生活!

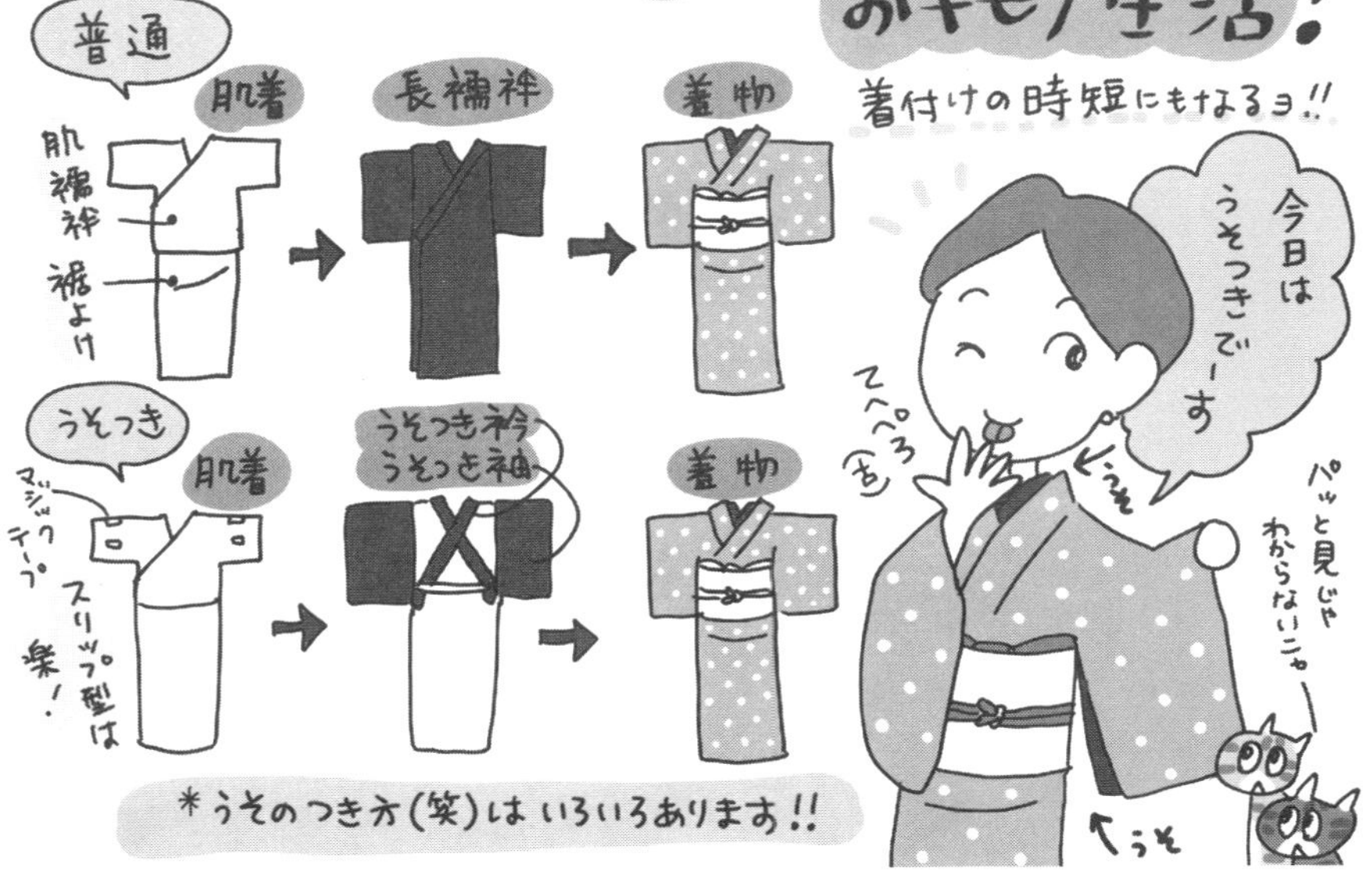
着付けの時短にもなるヨ!!
普通
肌着
長襦袢
着物
肌襦袢
裾よけ
うそつき
肌着
うそつき衿
うそつき袖
着物
マジックテープ
スリップ型は楽!
*うそのつき方(笑)はいろいろあります!!
今日はうそつきでーす
てへぺろ(舌)
うそ
パッと見じゃわからないニャ
うそ

着物でうそつき!? 簡単便利なインナーで気軽に着よう

着物姿の女性には結構「うそつき」の人が多いですよね(笑)。着物の「うそつき」とは、通常は長襦袢(半襦袢)を着て、その上に着物(長着)を着ているところを、長襦袢(半襦袢)を省略して代替品にしている簡易な着方のことです。

「うそつき襦袢」は、肌襦袢に半衿がついているようなもの。これを着れば、すぐにその上に着物を着られます。簡単で、涼しいです。

袖の部分は、筒袖《つつそで》のまま着たり、「うそつき袖」と呼ばれる袖だけを縫い付けたり、マジックテープやホックでつけたり。Tシャツ型もあります。

着物は好きだけど、半衿を縫うのが嫌で……という方にも人気です。うそつきかどうかは案外わからないものです。みんな、もっと着物着ようぜ!

たかはしきもの工房の
うそつき衿は
ベルトで簡単装着式。
そのまま洗濯できる
すぐれもの

32

長襦袢の身幅問題 超★解決法

身幅が足りない
衣紋が詰まる
衿がはだけてきてしまう
襦袢が縮んだ…
あなたが育ったの!
脇縫いを一部解く!!
衿があわさる!
脇は見えないから…
※あくまでも一時しのぎのウラ技です。
しっかり胸が包めて衣紋も抜ける!!
裾は変わらニャイけどねー
なるほど
荒技だけどスゴイニャー
教訓 長襦袢の身幅は超・大切!

細身の襦袢の衿をきれいに合わせる超荒ワザ

長襦袢の衿がしっかり被らない。衣紋が抜きづらい。前のあわせがなんだか浅い。そんなときは、着付けが下手なのではなく、襦袢の身幅が細いのかも。

でも新しいものを用意する時間もない、そんなときは長襦袢の「脇をほどいて開く」という荒ワザが。着付師さんがお客様の着付けでどうしても衿が合わないとき、急を要するとき、ご自分のものでほどいてもOKというときのみ発動する秘技だそう。

袖の付け根から、腰の部分くらいまでの間の脇縫いをほどくのですが、それでも足りないときは、裾までほどいたこともあるそう。そうすれば衿をしっかり胸にかけられるので、衣紋もきっちり抜けますよね。ただ、裾周りのあわせは深くならないのでそこはあきらめですが、見えない部分なので不問で。

自分の古い長襦袢で試してみるのはアリかも!

まさか衿がうまく
合わないのは
身幅が足りて
いないせいだとは。
痩せないと……

33

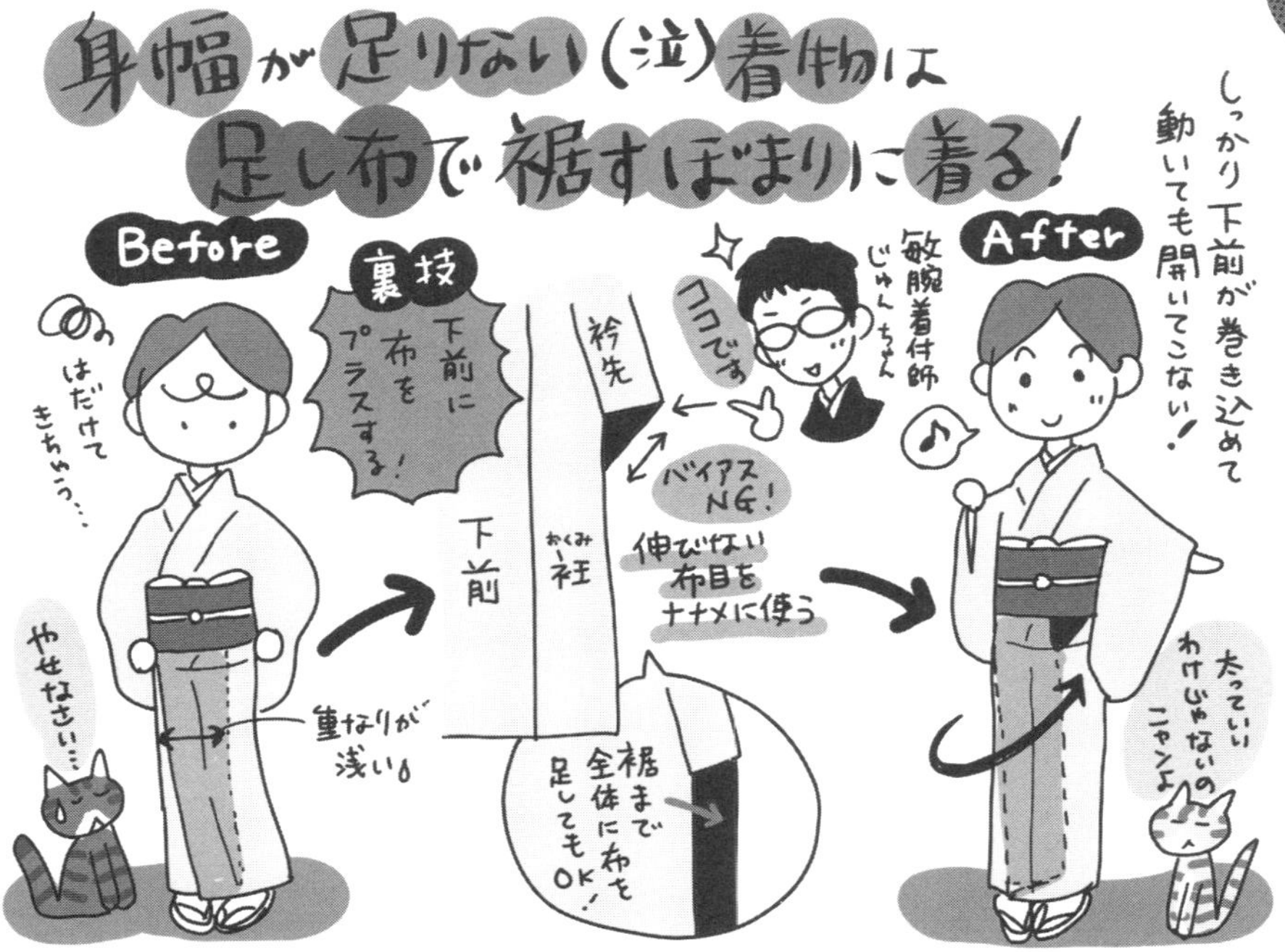

身幅が足りない(泣)着物は
足し布で裾すぼまりに着る!
しっかり下前が巻き込めて動いても開いてこない!
After
太っていいわけじゃないのニャンよ
敏腕着付師じゅんちゃん
ココです
衿先
下前
衽《おくみ》
バイアスNG!
伸びない布目をナナメに使う
裾まで全体に布を足してもOK!
裏技
下前に布をプラスする!
Before
はだけてきちゃう…
やせなさい…
重なりが浅い

身幅が足りない着物を裾すぼまりに着る方法

太ってしまって、身幅が足りない着物（泣）。重ねが浅い下前は、うまく巻き込んでナナメに持ち上げるのが難しいため、はだけてきてしまいます。

衿先に三角に布を足すと、下前がうまくナナメに引き上げられるようになります。下前を引き上げるときに身幅が足りないために、剣先だけが分離して上に上がって引き上げきれない衽《おくみ》の部分。それが三角の布のお陰で、衿先を引けば緩やかに上に引き上げられて、裾すぼまりのラインを作ってくれます！　これも着付師さんワザです。

下前で隠れてしまうところですから、引く力に耐えられればどんな布でもOK。引かれる三角の長辺部分をバイアスにしないことがポイントです。もっと大幅になんとかしたい！　という場合は、衿先の下に裾まで布を足すのもアリだと思います。

雑仕事ですが
こんな感じで
十分です！
布目方向には
気をつけて

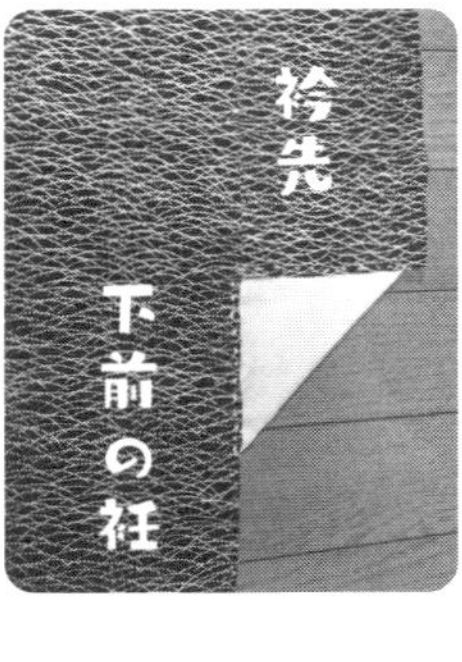

衿先
下前の衽

34
着物と襦袢の袖丈が合わない！
応急処置 5選
襦袢のほうが長い時はいいけど、短いと困る〜〜！
飛び出し注意ニャ！
コレ
1 着物の袖の振りを縫って襦袢が出てこないようにする
なるほどニャ！
2 襦袢の内側から安全ピンなどで着物の裏地に留めてしまう（後ろ側がいい）
3 襦袢の振りを内側に三角に折って留める
4 アメピンで振り同士をはさむ（着物のほうは表と裏地の間に差し込んで隠す）
＊サビに注意！
5 うそつき襦袢で筒袖に or つけない
番外 着付けに原因がある時
身八ツ口から手を入れ襦袢の袖付けを上に引っぱり出す！

襦袢と着物の袖丈が合わないときの応急処置

あれっ！ 襦袢と着物の袖丈が合わない。そんなとき、襦袢のほうが長い場合は中でたたんでしまえばいいのですが、短いときが困りものです。着物の袖からぴょんと飛び出してきてしまうからです。

よくやる処置は、お袖の振りを1ヶ所縫い留めてしまうこと。襦袢の袖丈より上の部分を縫います。こうすることで、襦袢の飛び出しを防げます。

裁縫道具がないときは、袖の内側から安全ピンで留める、襦袢の振りを折る、アメピンで振り同士を挟むなどの処置も。アメピンやスモールピンなどのヘアピンを使う場合、錆びていないか使う前に確認しましょう！ いろんなやり方を知っておくと、そのときできる方法で対応できますよね。

袖丈が合わないからあきらめるよりも、多少のことは工夫で乗り切って、楽しみましょう！

袖の長さは気にしないで筒袖にしてしまうという方法も！

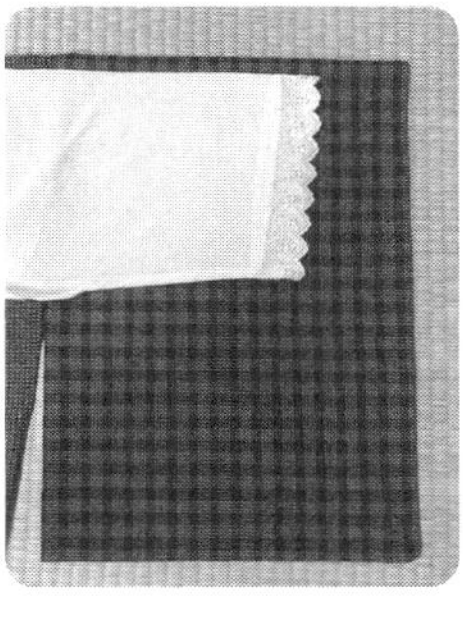

35
マジでおすすめ!!
帯枕の紐を下に引き抜くと
枕紐を帯の下に引き抜いて脇に寄せる
もう一度帯の下で結んで中に納める
帯締め
裏ワザ
下に引けない時は帯締めを帯板の中にはさんで枕紐を引き抜く
輪
チャラララララ〜♪
胸元ストレスフリ〜!
楽園《パラダイス》
フォ〜〜ッ
ココが苦しくない!
穴あきの着付けヘラも便利!!
たえこヘラ
わたしゃもじ
帯揚げもキレイに
みぞおちらくらくよ〜

胸元天国その1
帯枕の紐を下に引き抜くワザ

「枕紐をひっぱって帯の下から抜いてほどき、脇で紐を真下に引き下げてもう一度結んで帯に戻す」という裏ワザを教えてもらってから、自分で着るときにはずっとそうしています。

枕紐を下に引き抜くときに、伊達締《だてじ》めや胸紐をしているとひっかかってうまく抜けないことがあります。そんなとき穴のあいた着付けヘラを使ったり、帯締めを上を輪にしてはさんでおいて帯を巻き、帯枕の紐をその輪の中に通して結んで下に引き抜くとうまくいきます。

枕紐は帯のお太鼓の重さを支える役割がありますから、その重さをみぞおちで受けると結構厳しい。この枕紐を下に引き抜くワザ（なんかいいネーミングないのか）は、それをすぱっと解決して、すご〜く胸元を楽にしてくれる、楽園裏ワザなのです！

引き抜きワザに最適！
前田妙子《まえだたえこ》先生考案の
「たえこへら」。
私はミニしゃもじに
穴をあけて使ってます

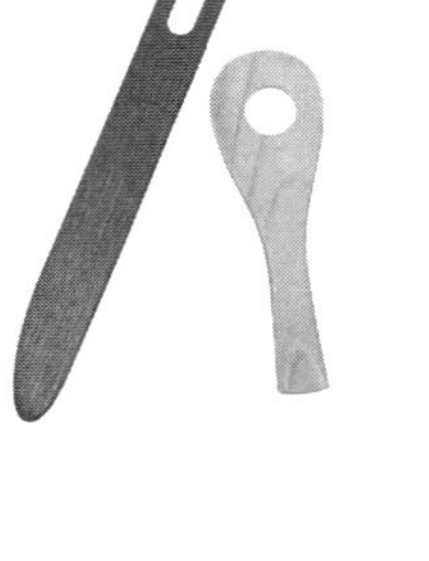

36

楽に着たいとき 伊達締めを抜く方法

*着付けの段階では
キレイに着るためにする
ぷはぁー
生き返るぅ！
思わず声出る
解放感!!
1
伊達締めの
結び目を
抜きやすいよう
下に作る
2
胸元、背中を整え
帯を結んでから
伊達締めの
結び目を
下に引いて
出す
帯も
押さえて
3
体をねじったりせず
下に下に体を
一周するように
引き抜く

胸元天国その2
伊達締めを抜いてしまうなど

伊達締めをしないと胸元が着崩れるのでは？とよくいわれますが、着付けの段階では伊達締めをして胸元を整えて、帯を結んでから伊達締めを抜くと、胸元がぐずぐずになりにくいです。

伊達締めを抜くコツは、結び目を下にして、あとで抜きやすい位置にしておくこと。抜くときは結び目を解いて下に引き出し、一気に引き抜こうとせず、真下に体に沿ってぐるりと抜いていく。

このときの「ふわあああ」と声が出るような、みぞおちの解放感をぜひぜひ味わってほしいです。コーリンベルト（P58で紹介）を使っている人は、伊達締めを最初からしなくてもコーリンベルト（で胸元、背中を整えてから帯をするので問題なし。最初から伊達締めなしでも着物は着られます。省略するかしないかは、お好みで。

伊達締めは
抜かずに
前下がりにする
だけでも
胸元が楽になります

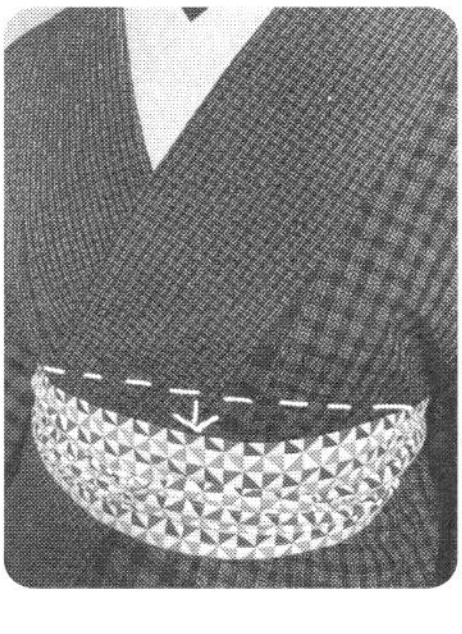

37

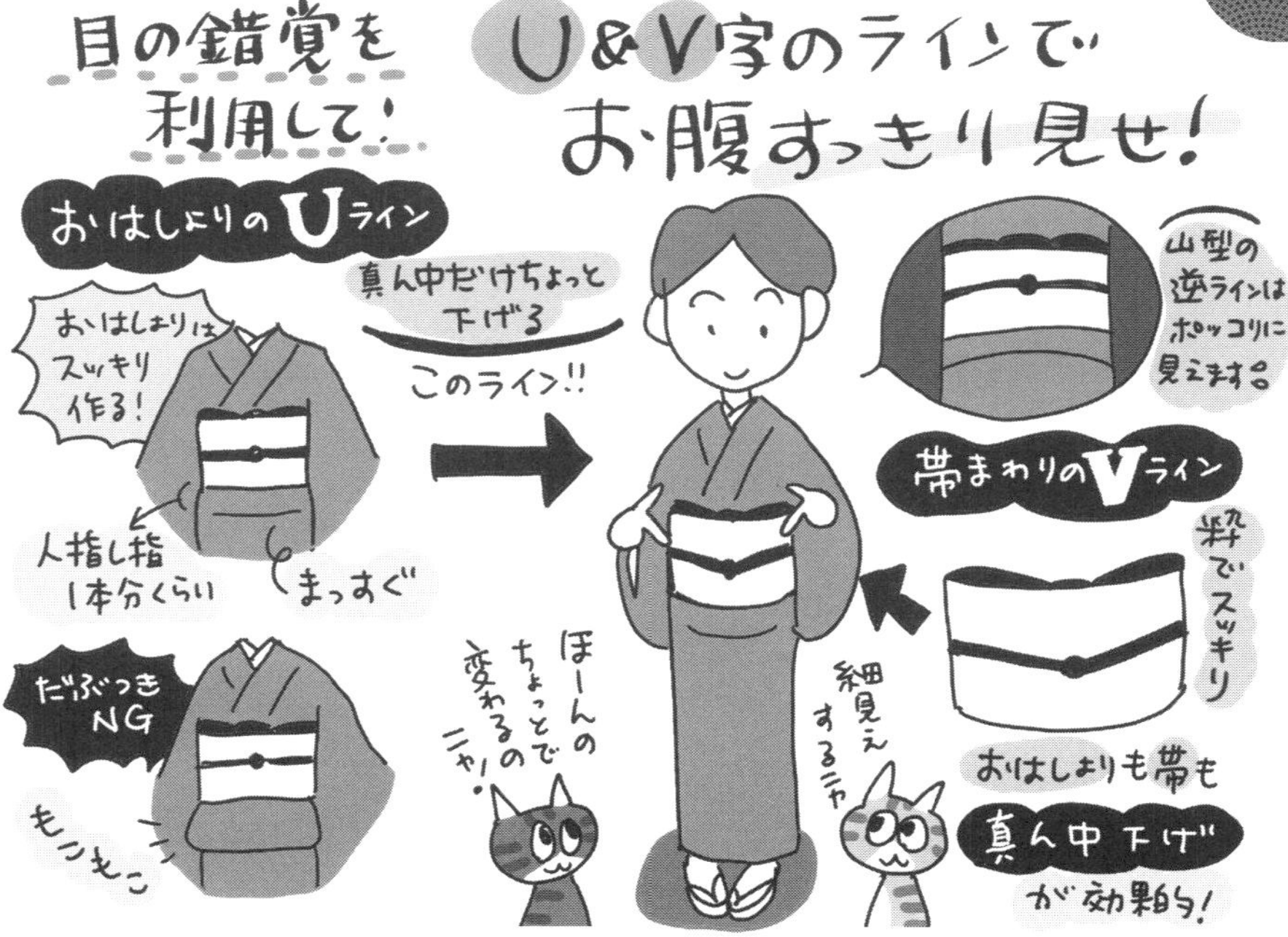

目の錯覚を利用して!
U&V字のラインでお腹すっきり見せ!
おはしょりのUライン
おはしょりはスッキリ作る!
人指し指1本分くらい
まっすぐ
真ん中だけちょっと下げる
このライン!!
山型の逆ラインはポッコリに見えます。
帯まわりのVライン
粋でスッキリ
ほーんのちょっとで変わるのニャ!
細見えするニャ
だぶつきNG
もこもこ
おはしょりも帯も
真ん中下げ
が効果的!

目の錯覚でお腹すっきりに見えるおはしょりライン

おはしょりの線を「真ん中ちょい下げ」の緩やかな弓なりのラインにすると、お腹がスッキリ見えます。これは目の錯覚を利用したワザです。

おはしょりの量も実は大きなポイントで、たっぷり出ているとお腹ぽっこりに見えるので、すっきり整っていることも重要。おはしょりの整え方はいろいろありますが、私はあとから着崩れを直せるように、帯を締めてから帯の中にしまって長さを整える派です。ここはそれぞれ自分のやり方でおはしょりを整えてください。まっすぐなラインになっていることが望ましいです。

そのおはしょりの真ん中を持って少し下に引き下げて、緩やかな真ん中下げラインにするだけ。ほんのちょっとです。帯揚げや帯締めもこのラインを意識するとかなりすっきり見えますすよ!

「U字」「V字」といってもほんのちょっとを心がけて!やりすぎは禁物

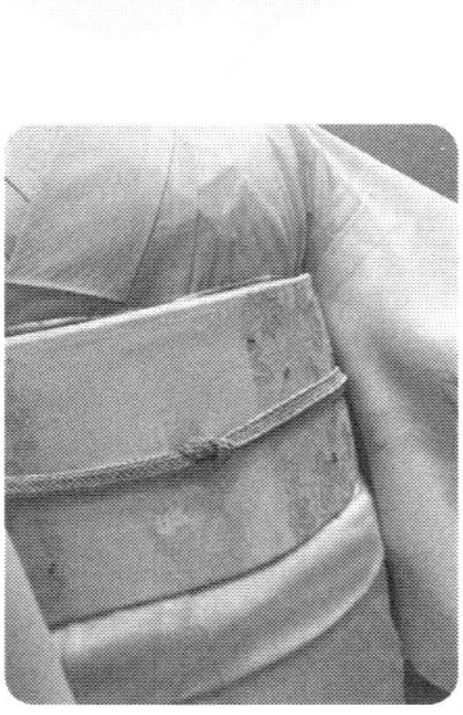

38 気になる！おはしょりの横もっこりをスッキリ！

解決法
1 ウエストの補整をして、腰骨の上の凹みを埋める
2 背中にタックをとる
特に右側が
もこもこしがち
三角上げと合わせ技でさらにスッキリするニャ!!
胸紐やコーリンベルトをしてからタックをとると固定できます
後ろ手で
ピタッ!!
もこもこに
サヨナラ〜
スッキリー

気になるおはしょりの横もっこりを解消する

おはしょりがもこもこしたりスカートみたいにひろがったりするのは、ウエストの補整の問題かもしれません。適切にこの腰骨の上のくびれを埋めてあげることで、ヒップとの段差がなくなり、おはしょりの横もっこりも解消されます。

あとは着物のサイズが合わず、身幅が余っているとき。通常は体の真横でタックをとるところを、背中側に移動させると布が横で重ならなくなるのでスッキリします。

この背中タックは、他装のときに身幅が余るとよく使われるテクニックですが、自分でも両手を後ろにしてウエストのところできゅっと左右同時にタックをとるようにすると案外いけます。このとき下方向にも引き気味にすると、すっきりとタックが入ります。試してみてください！

少しのぶかぶかは
お太鼓のたれ下に
つっこんでもOK。
横がスッキリだと
気持ちがいい！

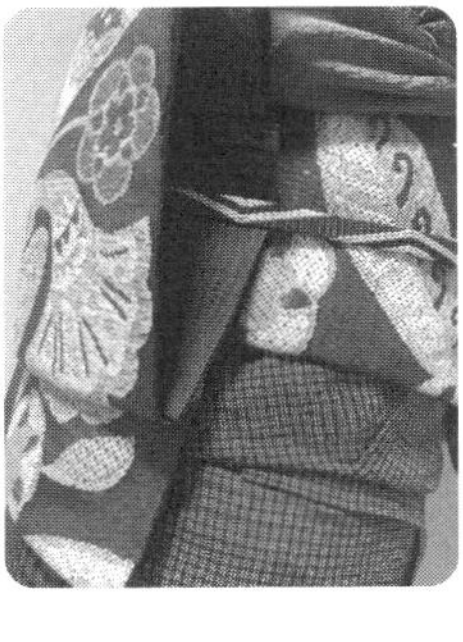

目からウロコ！
短い帯締めをスッキリ結ぶ方法2選
1 冠組も丸組もOK
帯締めの真ん中でくるっとひと結び
なんちゃって結び目を作り
後ろで結べばできあがり！
＊片方裏面が出るのでリバーシブルで楽しめます
2 平組におすすめ！
普通に結ぶと帯締めの端が前のほうにきちゃう
帯締めを裏側にして左右を反対に結びます。（結び目が逆になるように）
ピシッ
帯締めを全体にくるんと裏返せば端の房がキレイにおさまります!!
これで礼装の平組も怖くない…
スッキリ
太ってても安心ニャ…

短い帯締めの房をスッキリ収める裏ワザ2選

古い帯締めは長さが短いものも多いですよね。長尺のものも売っていますが、手持ちの短めの帯締めをスッキリ結びたいときの裏ワザをご紹介します。

ひとつは真ん中になんちゃって結び目を作って、実際は後ろで結ぶという方法です。近くで見ると、あれ、真ん中の結び目がちょっと違う？と思うかもしれませんが、正直遠目ではわかりません。少しV字ラインになりますが、それも痩せ見え効果アリ。

もうひとつは帯締めの裏側を出して、いつもと左右を逆に結びます。そして、結び終わったら、くるんと裏表を返すだけ。そうすると、いつもは上になった端を下の帯締めにはさみこむところが、いつもは端が下にくるので、はさみこまなくても最初から端が帯締めの下側に収まります。あとは、重なった部分を整えるだけ。使える帯締め、増えますよ！

1はかなり太い帯締めでもいけます！
2は柄がうまく出ないこともあるけど結び目は完璧！

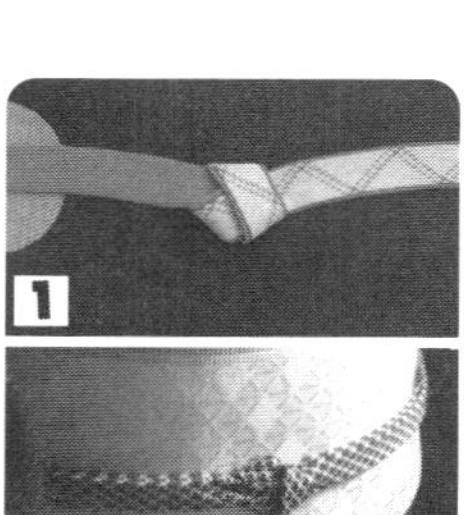
1

2

40

長い帯締めにおすすめ！

帯締めの花玉結び

中心を少しずらすとオシャレです♥
カンタン
向いているのは
○ 丸組
△ 冠組
× 平組
帯留めいらずニャ
春だニャー
1 普通の本結びをする
2 上でひと結びして端を下に通す
3 下でもう一度ひと結びして端を上に通す
4 形を整えてできあがり!!
カワイイ

長すぎる帯締めも可愛く花玉結びで帯留め風に

長すぎる帯締めの長さを調整するのに友人が編み出したという結び方をご紹介します。まるでお花のようなので花玉結びと名付けてみました。

やり方は簡単！まず普通に帯締めを結んで上でひと結びして端を帯締めの下に通します。下でまたひと結びして端を帯締めの上に沿わせて始末します。これでもう出来上がり！

ちょっと長さが必要で、帯締めは丸ぐけか丸組、冠組をおすすめします。平組だとあまり綺麗に決まりません。コツは結んだらぎゅっと引っ張りすぎず、帯の上で平らに形を作ること。これならあまり大袈裟すぎず、大人でも楽しめる上品な飾り結びになります。

帯留めをしている風にも見えて、可愛らしいので試してみてください！

春色で結べば
お花のよう！
ほどよい
ボリュームで
可愛いですよ

41

着付けの時短 涼しい コーデもすっきり もう帯揚げはしなくてもいいかも …と思った

帯枕が
見えるの
ここだけ…
色つきの
枕紐なら
目立たない！
帯枕を隠すだけなら
名古屋帯でも
べつに
しなくても
いいのでは！
考えて
みたら
必須じゃ
ない!!
樹木希林さんも
「なし」派
たくさん食べられるわヨ
前帯を
ちょっとずらしてて
カッコイイ!!
楽！
涼しい！
圧倒的
時短！
コーディネート不要
着付け不要!!
※帯揚げを半分に折って帯カバーにしても
ヨシ!!
3ケ所とめる
ゴムなど
脇の見える部分だけ
好きな布でカバー
50〜60cmくらい

名古屋帯でも帯揚げはしない党 3つの意味で楽なんです

帯枕を使わない半幅帯《はんはばおび》をすると楽なんですが、背中が広く見えるのが嫌でお太鼓結びばかりの私。ある夏の日帯揚げを忘れて出かけたとき、枕紐が墨色の帯枕をしていたため、あれっ！ 帯揚げなしでもいいのでは？ となり、それがきっかけで以来ほとんど帯揚げをしなくなってしまいました。

帯揚げは「帯枕を隠す」という役割以外は、基本装飾で、なくても成立するパーツ。帯揚げがないと、涼しくて、着付けも早くできるし、コーデで悩む時間も減ります。ほんと楽なんです。

樹木希林《ききりん》さんが帯揚げをしなかったのは有名ですが、色が減る分スッキリとかっこいいコーデになります。

枕紐が見える部分だけ帯揚げを半分に折って被せれば、横から見て帯揚げをしている風になるし、固定観念にとらわれず、一度試してみて！

横から見て
帯枕の紐が
丸見え！感が
なければ
それでOK!

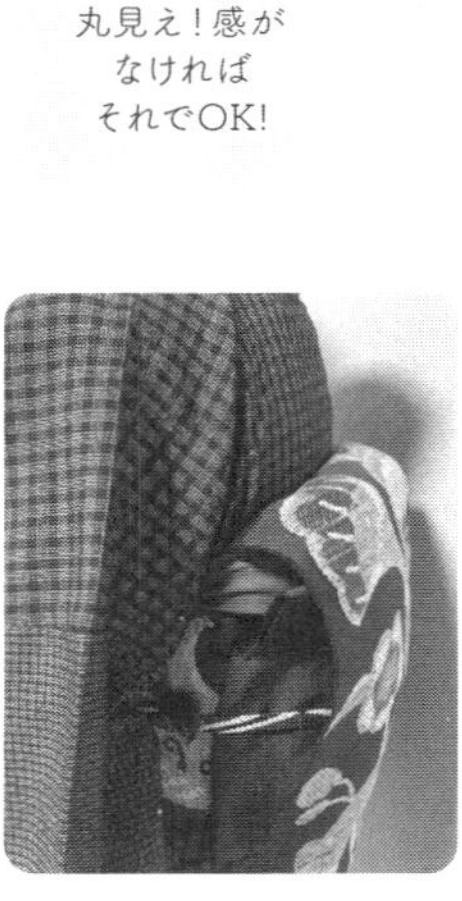

42 帯揚げってどうしても必要ですか？

なし派
♪
涼しい！楽！
帯揚げしないと着付けが早い!!
名古屋帯
スッキリ！コーデ
帯揚げあり・なしメリデメ
あり
○帯が安定度高まる
○着崩れしにくい
○キチンと感出る
○オシャレが楽しめる
▲着付けに時間がかかる
▲暑い など
なし
○涼しい！
○胸元が楽！
○着付けが早くなる！
▲着崩れしやすい
▲枕紐の色や素材を選ぶ など
プラスマイナスあります
あり派
着崩れしにくい
オシャレ&キチンと感
やっぱり落ち着く
普段着ならする・しないは自由でOK！

帯揚げをする メリット・デメリットについて考える

帯揚げをしないとなると、着付け時間がゆうに2～3分は短縮できるし、胴に巻く布が1枚減るわけなので、涼しいです。着付けに使う紐は1本でも減らしたほうが楽、と常々思っているので伊達締めもしなーい、帯揚げもしなーい、らくちーん！とご満悦だったのですが……やっぱり上半身が着崩れがちになってしまったのです。減らしすぎると、だめなのかも。

帯揚げをすると帯の上部の空間がうまく埋まって、いい緩衝材というかストッパーにもなって、着物の上半身を安定させているんだな～と改めて感じました。ただの飾りだけじゃなかった。でも、しなければやはり楽なので、おしゃれより楽を優先したいときは、伊達締めは省略しないで帯揚げ省略とか、工夫をして帯揚げなし着付けを研究継続中です。別に帯揚げが嫌いなわけじゃないんですけどね！

帯揚げなしは
袷より単衣や
夏物のほうが
着崩れしやすいけれど
すっきり見えます！

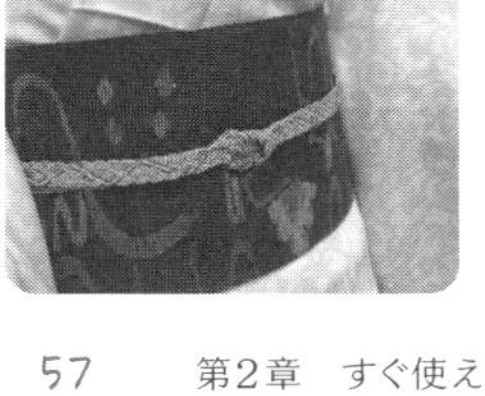

43

コーリンベルト（着物ベルト 着付けベルト）はいるの？いらないの？

約70年前に生まれた便利グッズ
ゴムベルト
クリップ
開発したのが高林さんだから音読みしてコーリン……
good!
衿元がキレイに決まる
伊達衿もうまく止まる
背中のシワがとりやすい！
三角あげができる
上から押すと衿のゆるみがとれる
伊達締めが省略できる
No good…
衿が詰まる
あばらに当たって痛い
改善策
ベルトの長さを調整する
左右同じ高さにつける
つける位置を低くする
使い方で改善できるニャ！
便利だけど使っても使わなくても着物は着られるので使うのは自由！

着付け便利グッズのコーリンベルトを使うか使わないか

紐を何本も使って着付けが大変だと着る人がいなくなってしまう、という危惧から高林《たかばやし》先生が開発されたアイテム「コーリンベルト」は商標登録されている商品名。「着付けベルト」「着物ベルト」が一般名称ですが、通りがいいので以下コーリンベルトでお話しさせていただきます。

ゴムベルトの両端にクリップがついているもので、これを使って着付けされる方は本当に多いですよね。あくまで補助グッズなので使わなくても着付けはできます。良い点悪い点を知って、使う使わないを選択すればいいと思います。

私自身はというと、使ったり使わなかったり。使うときは伊達締めを省略することが多いです。この「紐を減らす」ことこそが高林先生の狙い。普段に楽に着るときに試してみてください。

金属製のクリップは飛行機の保安検査で止められるかもしれないので気をつけて！

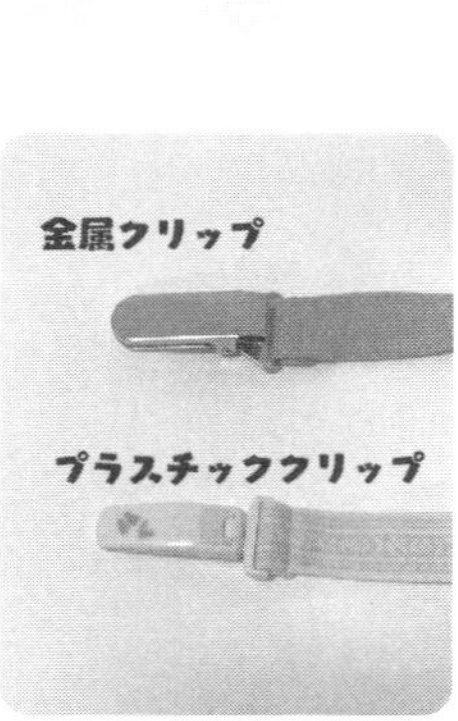
金属クリップ
プラスチッククリップ

44

コーリンベルト2本を使って脇のブカブカを防ぐ!!

いつものにプラスもう1本!
この脇のもたつきが…
ブカ
スッキリ!
抱き幅が広い大きめ着物もスッキリ♪
脇にタックをとって2本目のコーリンベルトで押さえるだけ!
1本目
タック
2本目
細身でお悩みの方試してみて〜
長さはジャストサイズで!!
左脇のキープ最高!!
しかも胸元ラク!

コーリンベルト2本使いで脇のだぶつき撃退

着付けの悩みで「脇がぶかぶかする」というのがあります。着物が大きいときもなりますし、動いているうちにどうしても上に引っ張られて脇がだぶつくことも。きっちり胸紐や伊達締めで脇を押さえておけばある程度防げますが、やはり苦しい。

着物アドバイザーの凪紗《なぎさ》先生に教えてもらった裏ワザは、普通に衿をコーリンベルトで留めた後、両脇にタックをとってその部分を別のコーリンベルトで留める方法。そのコーリンベルトは脇から脇、ジャストの長さにしてぶかぶかしないようにしましょう。

タックをとることで、脇の横方向の余りもすっきりしますし、動き回って脇がぶかっとしてきたら、帯の中のコーリンベルトのクリップを押せばOK（P66参照）。一瞬ですっきり。綺麗に着たいけれど、みぞおちを押さえる紐を減らしたいときに有効です。

1本目は使っても
使わなくてもOK。
前脇のタックを
自装でキープできる
目ウロコワザです！

45

後ろ姿に差が出ます！
腰紐で決まる!!
着付けと姿勢
ぐだぐだ
どんどん詰まってくる衣紋
下前が落ちて裾も開きがち
お尻の生地がたわんでくる
腰紐緩め
背筋が伸びます！
衣紋もシャキッ！
背中もスキッ！
お尻もキリッ！
裾すぼまり
腰紐しっかり!!
少し後ろを高く!!
前はあてるだけ
後ろでしっかり締める
へそ
キリリと引き締めて
ウエスト補整も大切ニャ
補整がクッションになり締めても苦しくないよ!!

腰紐は着付けの要！姿勢＆下半身に差が出ます

着物初心者の頃。着付け教室で「腰紐だけはしっかり締めなさい」といわれたものの、とにかく締め付けが苦手な私はそれができず、ぐずぐずと着崩れては悩んでおりました。

もしかして腰紐のせい？と結び方を見直し。きちんとおへそのあたりで腰紐をなるべく平らにあてたら、後ろの腰の部分で交差させたときに真横にぐっ！と引き締める。前ではぎゅうぎゅう締めないで、でも緩まないように結ぶこと。こうすると、ぎゅっと締めても後ろは苦しくなく、むしろ姿勢がシャン！として気持ちがいいのです。

位置はウエスト補整をしておへそのあたりから少し後ろ上がりになるように締めるようにしたところ、安定しました。やっぱり腰は体の要なのですね。腰紐を制する者は着付けを制す！なんて、オーバーかな。

腰紐は体の要。
よい姿勢、
体がゆがまない
ために左右は
平行に結んで！

46

ナナメ or 長いおはしょりは 最後に 帯の中に隠して!!

長すぎたり
ナナメの
おはしょりは
帯をしてから
最後に
長い分を
帯の中に
つっこみ
ちょうどより
長さに
整えます!!
帯をする前に紐などで
整えると、あとで着崩れが
直せないのです
お腹
ひっこめ
て〜
自装の
場合は
あとで
修正がきく
この方法を
おすすめ
します!!
帯の下線に
4本指を
入れて左右に
しごくとキレイになるよ!
あとから
方式
着付けヘラを
つかうと楽で
キレイにしごけるよ!!

おはしょりナナメは着付けの最後に解決!!

着物のおはしょりは、裾すぼまりに着付けをする（上前の端を上げる）と、左側が長くなり、ナナメになります。これは構造上しかたないこと。

これを平行にしようと思うとちょっと手直しが必要です。帯を結ぶ前に整えて、伊達締めや胸紐で押さえてしまうやり方をよく習います。

おすすめは帯を結び終わってから、おはしょりを帯につっ込んでまっすぐに整えるやり方。おはしょりの長い部分をぐっと帯の中に押し込んだら、両手の4本指を下から差し込んで脇にしごいて整えます。お腹をぐっとひっこめながらやると楽です。着付けヘラを使うと綺麗にしごけますよ。

胸元が緩んできたら、一度おはしょりを引っ張り出して下に引き、緩みを直して帯につっ込めばよしです。使う紐も減らせます。

腰紐を
逆ナナメにあてて
結ぶ裏ワザは
体がゆがむので
おすすめしません

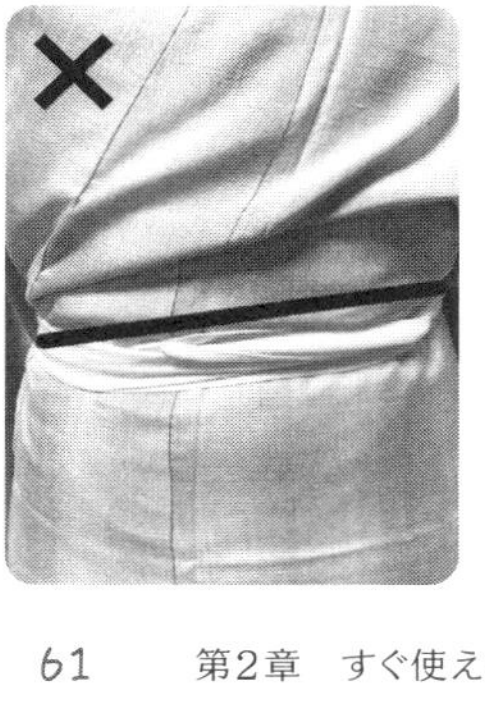
×

47

なければ作れる！帯板は用途と好みで使い分け

帯板って、ほとんどの方がなんとなーく最初に手にしたものを使っていることが多いのでは。

昔の人はあまり使っていなくて、写真などを見ても結構帯がシワシワです。普段楽に着るときには帯締めの結び目のところがあたるあたりだけにハガキサイズくらいの厚紙（お菓子の箱のフタなどを利用）を切ってはさんでいるわ、という先達も。帯板の面積が大きいと、やはり暑いし、重いですから。手作り派も結構いて、厚紙だけじゃなくダンボールやPPシート、クリアファイル等々、案外なんでもいけちゃいます。私も出張に帯板を忘れてデパートの紙袋で代用したことも。

締める帯やシーン、好みや目指す方向によってふさわしい帯板も変わります。相性が合う帯板を見つけるって、結構大事なことかもしれません。

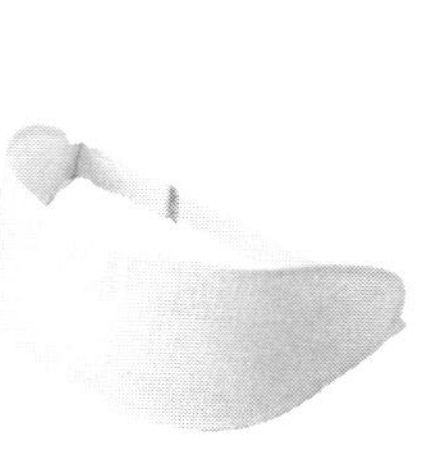

べっぴん帯板シリーズ
（たかはしきもの工房）は
脇までキレイに
カバーしてくれます

48

あと少しだけ！
帯山を高く持ち上げる！
も、もう少し帯枕を上げたい！
そんな時！
肩が…肩があぁ
プルプル…
ガンバレ！
壁
ピタッ
背中小さくスタイルアップ
自分が下がって
帯枕を上げる!!
5歳若見え？
3キロやせ見え？
汚れていたりザラザラな壁ではしないでね！

あとちょっと！帯枕を高く持ち上げる方法の巻

もともと体が硬かったり、年齢とともに手が後ろに回らなくなってきたり、四十肩五十肩などで帯枕を上に持ち上げるのが厳しいときってありますよね。そんなとき試してみてほしいのが、お太鼓を作ったら、壁に帯枕部分を押し付けて、ちょっと体を下げることで、帯枕を高く持ち上げるワザ。

この壁に助手をしてもらうコペルニクス的着付けは、着付け教室の生徒さんに教わりました。使えるものは壁でも使え。礼装などで枕位置を高くしたいときなど「あとちょっと」を助けてくれます。

帯山が下がると、私のように肩幅があって身長もある程度ある（平たくいうとガタイがいい）場合、背中が広くたくましく見えてしまうのが悩み。帯山の位置がちょっと上がると背中が狭く華奢（当社比）に見えますし、スタイルアップで若見えも狙えます。

帯枕の位置で
印象が違う！
壁に助けてもらえば
五十肩でも大丈夫！

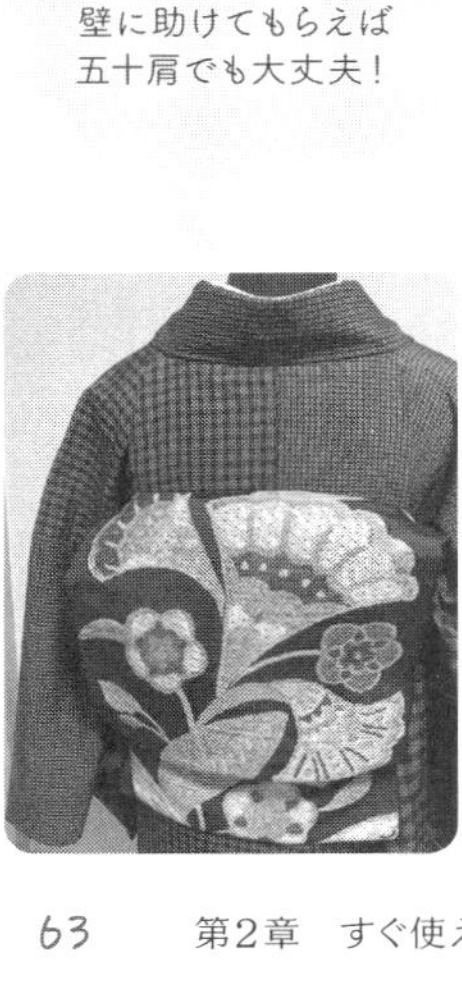

49

結んでみたら短い帯！

隠し仮紐で固定！

あっ！

たれが短い!!

やりなおし!?

ピンチにゃん！

そんな時はお太鼓を作った仮紐をそのままほどかずに帯の中に押し込んで隠してしまえばOK!

仮紐
返しが短い!!

あとは普通に手を通せば仮紐は見えなくなります！

細い紐のほうが隠しやすいヨ!!

結び直さなくてもいいんだニャン!!

短い帯も隠し仮紐を使えばお太鼓ができる

帯結びの最後の最後で「あらっ！　たれが短い！」となったときは、絶望しかありません。でも結び直す時間もないし……。

そんなときは、細い仮紐を使ってください！　短いたれで、普通にお太鼓を作って、引き返しが短くてもOK。お太鼓の下線に仮紐を通して結べば、お太鼓の形ができて崩れることはありません。その仮紐はしたままで帯の中に隠し、その上に手を通して普通に帯締めを結ぶだけ。仮紐はなるべく見えないように帯の中に仕舞うのがポイントです。

短い帯を結ぶためにはいろいろな方法がありますが、極端に短い帯以外はこの隠し仮紐方式ならなにも考えずにいつも通りに結んで、長さが足りなければ仮紐で留めてしまえばいい。一番楽ちんで時間短縮であります。

たれの返しがちょっと不安というときにも仮紐をしておくと安心

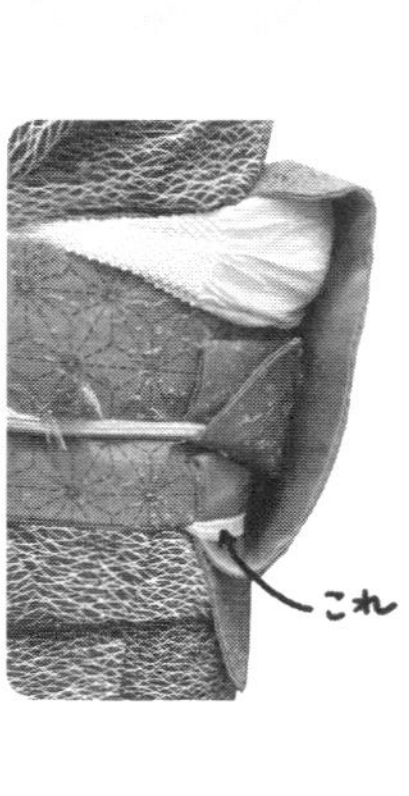

これ

50

「お太鼓止め」は短い帯の救世主!

ここを差し込むだけ
ステンレス製
＊はさむ時帯を傷めないよう注意してネ!
裏ワザ②
たれの返しが短い時
ココを「お太鼓止め」で留めておけば崩れない!!
「て」で隠したいので「て」を返す前に留めてニャ!
裏ワザ①
結ばないので帯の長さも稼げて緩まない!!
「て」
ココを留める
これでまた太っても安心…!?
お互いこれ以上はダメニャ
文房具のダブルクリップでもいけるけど力がいるかも

謎の金具？
お太鼓止めはいろいろ使えます！

これ何に使うんですか？とよく聞かれる昭和からの便利グッズ「お太鼓止め」。帯を結ばなくても、挟んで留めていくことで帯が緩まず、つけていても違和感ゼロな優れもの。

たれの返しが短くてお太鼓が落ちそう！というときには、短い返しの部分（「て」で隠れるところ）にお太鼓止めを差し込むと留まります。「隠し仮紐」と好きなほうを選んでください。文房具のダブルクリップでもできなくはないです。

前結びのほうだとかなり楽に対処できると思います。なんというチームふくよかの強い味方（チームふくよかでは、「裏ワザに頼らず痩せろよ」というつっ込みは受け付けておりませんので悪しからず）。他にも半幅帯の結び目を固定するなど、さまざまな使い方ができるお太鼓止め、便利です。

銀座いち利の女将動画ほかYouTubeでも使い方が紹介されています！

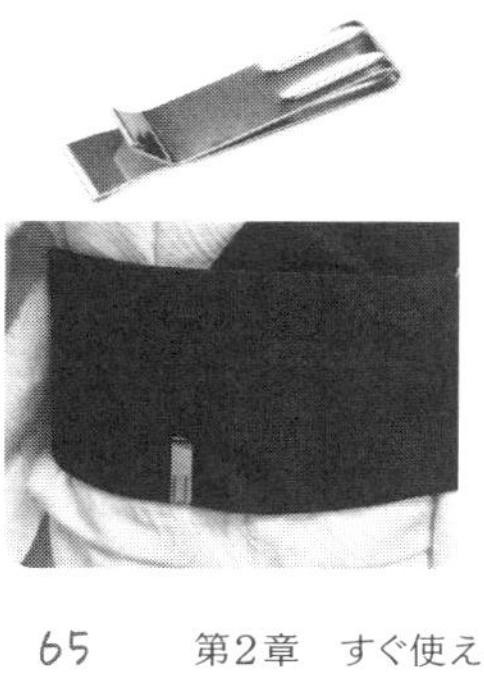

51

コーリンベルト使用の場合

振袖や訪問着の伊達衿《だてえり》の緩みを直すには

胸元を華やかにしてくれる伊達衿
コレ
コーリンベルト or クリップ
伊達衿をしっかり押さえています
ぐずっ
衿元が緩んだらコーリンベルトのクリップを探して押すのニャ!!
扇子などでぐっと下に押す
ピシッ!
このへん
このへん
一番いいのは猫背にならないことニャよ!!

振袖や訪問着の伊達衿《だてえり》の緩みを直す方法

伊達衿は座ったり立ったりしていると、緩んできやすいです。一番いいのは姿勢を崩さないこと。猫背にならないように気をつけていると、あまり胸元は緩まないのですが、それでも緩んできた場合に直す方法がひとつあります。

それは、コーリンベルトのクリップを上から押すこと！　衿と伊達衿を挟んで押さえてある帯の中のコーリンベルトのクリップ部分を探して、上からぐっと押すと衿の緩みが直ります。

このクリップがある場所は左右の脇から10～15センチ下くらい。帯の上から指を入れると、あばら骨の下あたりに固いものがあるはずです。結構押すのに力がいるので、指で押せない場合は扇子などを差し込んで押すと、衿の緩みが抑えられます。

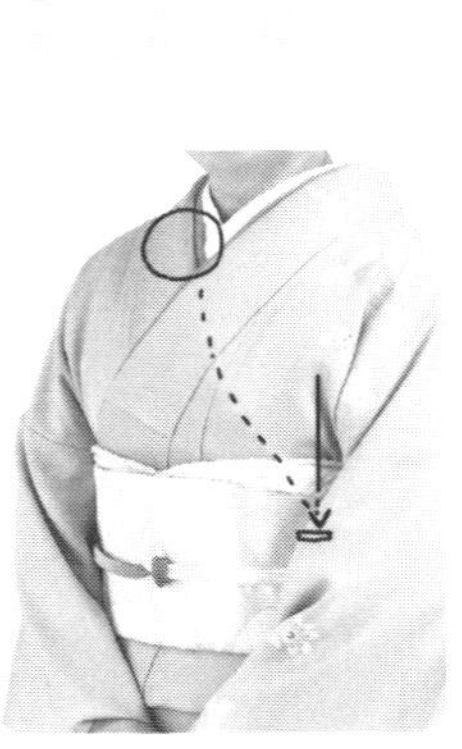

帯の中のクリップを下に押すと伊達衿がピッと伸びます。普通の衿の緩みにも有効なワザです

52

目の錯覚を利用して肩幅を狭く見せる!!

・衿を首から離す！
・衿のラインを寝かせる
・半衿を多めに出す！
＊やりすぎ注意（笑）

この幅の差がポイント！
衿を詰めて着る
衿をゆったり着る
どんだけ〜
スラリ
目指せ！なで肩ライン！
衣紋の抜きすぎには注意ニャ
姿勢も大切だニャ〜

肩幅が狭く見える！ほっそり着付けのコツ☆

美容家のＩＫＫＯ《いっこー》さんの着物姿の肩、するりと滑り落ちるような美しいなで肩のラインですよね。でも洋服姿を見るとしっかりと肩幅が。それを着付けで美しいラインに見せているんですね。

その着付けのコツとは、首から衿を離すこと。あとは衿を寝かせることです。そして半衿を多めに見せること。要するに、肩に乗っている着物の幅を狭くすることで、肩の幅が狭く見える「衿を首から離す」着方。肩幅だけでなく、ふくよかさんにもほっそり見えて嬉しいワザです。衣紋抜きの幅を広くするのも、うまく衿を寝かせるのに有効な裏ワザ。

あともうひとつ。姿勢だけでも随分変わります。肩甲骨を寄せるイメージで、肩を後ろに落としてください。着付けプラス姿勢で、目指せ！ほっそり肩！

ふくよか体型でも衿が寝ると上半身がほっそり。ただし衣紋の抜きすぎには注意！

53

半幅帯が緩んで下がらなくするには……

広い背中…
伊達締め見えちゃう…
結び目が下がると
残念なことに
COOL!
足長効果も！
帯が高いと
背中も
華奢見え！
1 結び目は高く！ひねってロック！
帯の上線より
上で結び
ひねってタテにすると
緩みにくい！
2
隠れる
部分を
クリップで
留める
お太鼓止め
ダブルクリップ
でも
3 仮紐で高い位置をキープ！
仮紐をリボンの結び目や
たれの下に入れて
上に引っぱって結び
帯の中に隠す

半幅帯の結び目を高くキープする方法3選

半幅帯で気をつけたいのが、動いているうちに緩んで後ろの結び目が下がり、伊達締めなどが見えてしまうこと。帯の結び目が下がると着崩れにつながったり、背中が広く見えたりしてしまいます。

特に最近の半幅帯は長いものが多いので、結び目にかかる重さが増加して下がりがち。かるた結びや結ばない帯結びなどのやり方で、そもそも落ちないようにする方法もありますが、背中の高い位置に結び目があると若々しいものですし、背中も華奢見えするし、女子力もアップする気が。

結び目を高くキープするコツは、①結び目を高く結んだらひねってロックをかける、②クリップ使いで帯が緩まないようにする、③仮紐（三重仮紐）を使って結び目を高い位置にキープする。背中が気になったら試してください。

おばさんは
お尻も気になるので
両方隠せる
結び方を
したいのでした

54

なにかと使える！着付けヘラは強い味方！

着付師は使ってます！
プラスティックタイプ
木製→
津田家さんの
2本組
自装の時も胸元の緩みを帯に押し込んだりおはしよりをしごいたり指を使うよりキレイにできます！
わたし作 しゃもじに穴をあけたの。竹のバターナイフも使えます!!
・衿元、胸元のシワとり・たるみとり
・脇のたるみとり
・帯のシワとり
・おはしよりスッキリ
・枕紐の押し込み
etc...
指を使うよりも緩まないし手も痛くならないニャン
手の脂分が着物や帯につくのも防げるニャ

着付師御用達の「着付けヘラ」は自装にもおすすめ

着付師さんが着付けヘラで着物のシワやたるみをとったり、帯枕の紐を押し込んだりしているのを見たことがある方も多いのでは。使っているという方もいらっしゃるでしょう。

着付けヘラは、指の代わりに布と布の間のたるみをとったりするのが得意。指を入れるより、薄いので余分なところが緩まないし、着物や帯に余計な手垢もつかなくてすみます。指より硬いし長いので、しっかりと奥まで生地のたわみをとることができて、あるととっても便利です。

自分で着るときも役に立ちますよ！１００均の竹製のバターナイフなどでも代用できます。私は自分で着るときは、ひのきのミニしゃもじを使っています。絵筆の柄を使っている達人も。指代わりになる着付けヘラ、使ったらやめられなくなります。

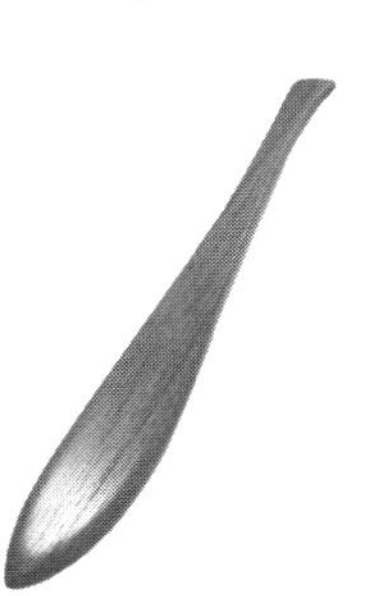
着付けの仕事では新宿津田家さんの「着付けヘラ」愛用。シャキッと着付けに欠かせません

55

衣紋をキレイに抜くために…
3つのポイント プラス1
1 補整をする
＊布地がずれにくくなりキレイに衣紋も止まる
ズン胴に！
2 ゆっくりそろりと羽織る
バサッ！と着ない！
3 衿合わせは前や下に引かず横に引く！
鏡を見ながら!!
プラス1
長着を着て腰紐を締めてから中の襦袢の衣紋抜き or 背縫いとその両脇をじわっと引く
めざせうなじ美人
じわ～
ツンと引くとすぐ戻るよ

衣紋がキレイに抜ける3つのポイント、プラス1

衣紋が詰まってしまう原因は主に3つ。

①補整をしていないので、長襦袢や長着に余計なシワが入り、布が動いてそこから崩れる、②パパッと羽織ったり、焦って着たりしているので布目が泳いで落ち着かず、衣紋が動いてしまう、③長襦袢、長着ともに衿を合わせるときに、前に引っ張っているなどが挙げられます。この3点を解消していけば、衣紋がキレイに抜けます。

また着物の腰紐を結んで上半身を整えた段階で、長襦袢の襟元はちょっと浮いているはず。着物をはしょって、長襦袢の背中側を引いて浮きを押さえます。

ポイントはじわっと背縫いを引くこと。次にその両脇10センチくらいのところを持って、全体を後ろに引き下げる。そうすると衣紋が抜けて、前の衿の浮きが収まるはずです。

ポイントは
じわ～っと
引き下げること。
ツン！と引くと
すぐ戻ります

56

衿元を指1本分浮かせるといいこと3つ

衿を合わせて整えてから
衿と首の間に人差し指を入れて前後にしごいて浮かせる
襦袢でもうそつき衿でも同じ!!
浮かせる、というか少し首から半衿が離れたらそれでOKニャン!
1
スッキリ見える & 苦しくない
2
風が通って涼しい
3
衿汚れがつきにくい!!
ファンデや皮脂
楽だから試してニャー

衿元を指1本、浮かせるといいこと3つ

半衿の衿合わせの角度は礼装のときや若い人は鈍角に、普段着や年齢が上がると少し鋭角になってくるのが一応のセオリー。それぞれお好みでいいと思いますが、どの角度のときも、普段着でしたら人差し指を鎖骨のあたりから半衿の内側に差し込んで、耳の下あたりまでしごいて、少し浮かせるようにしてみてください。

パカパカにならないよう、ちょっとだけ隙間ができれば完了。こうすると、首元が詰まらないので見た目もすっきりするし、自分も苦しくありません。

隙間から風も通って涼しいです。特に夏は、浮かせると全然違うので隙間を大きくすることも。あとは、ファンデーションや皮脂などの衿汚れもつきにくくなります。

少しゆったりした風情にもなりますので、大人っぽくも見えますよ。教えてもらったとき、ちょっとしたことでこんなに違うんだ、と感動した着付けワザです。

だらしなく
見えないように
隙間は少し
空気が通った感触が
あればOK

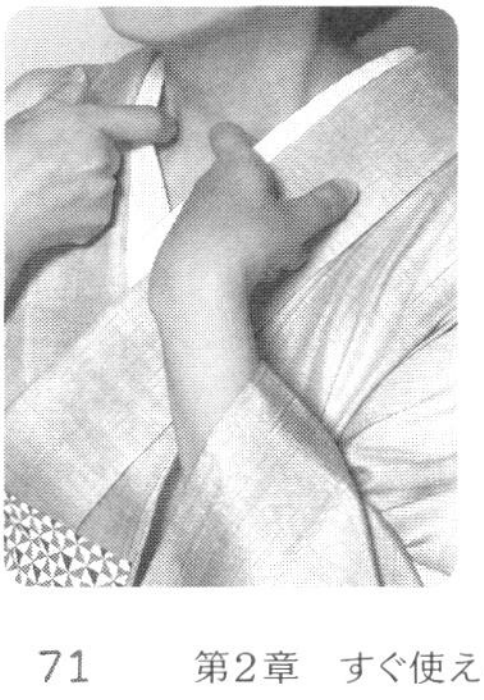

57

ふわふわにならない両面テープ半衿つけのコツ

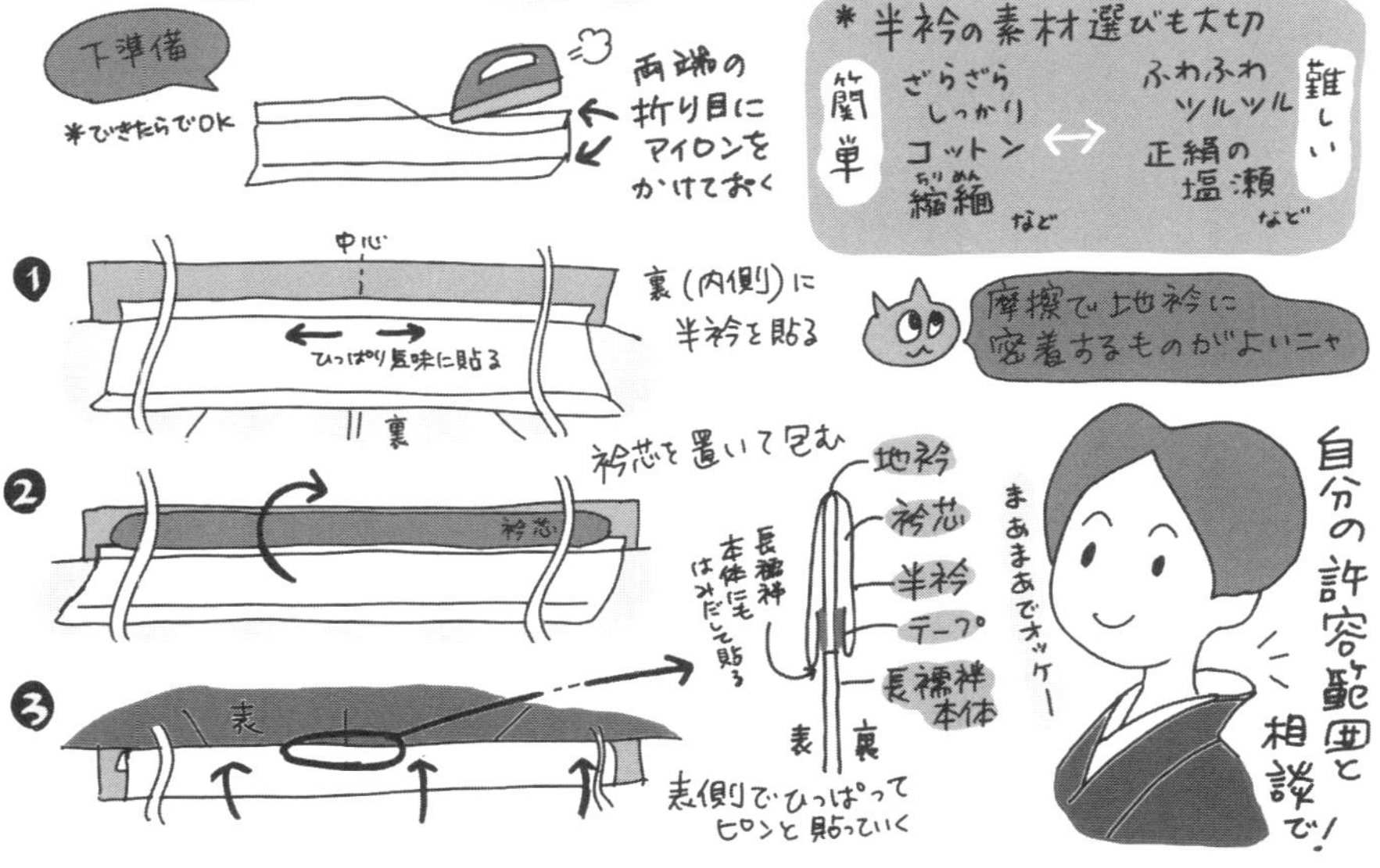

両面テープで半衿つけは衿芯《えりしん》をくるんでつけちゃう

裁縫が苦手な人の心の支えである両面テープ半衿つけのコツは、一度にびゃーっと貼らないこと。縫い付けるのと同じように、衿の中心から左右に攻めていくやり方がおすすめです。

ただ、この方法でつけるとまあまあ綺麗につくんですが、中に入れる衿芯次第ではブカブカになってしまうことも。そこで襦袢の裏で片面貼り付けたあと、半衿で衿芯を包んで表側を貼り付けるようにしたら、半衿のたるみが激減しました!

首の内側の見えるところは、表側でひっぱり本体に少し両面テープをはみ出させて貼りつけます。両面テープを衿と本体にかかるようにつけて貼ると、張力がアップしてシワが減ります。

簡単便利な両面テープですが、粘着跡が残ることがあるので、使用後はすぐ剥がしましょう。

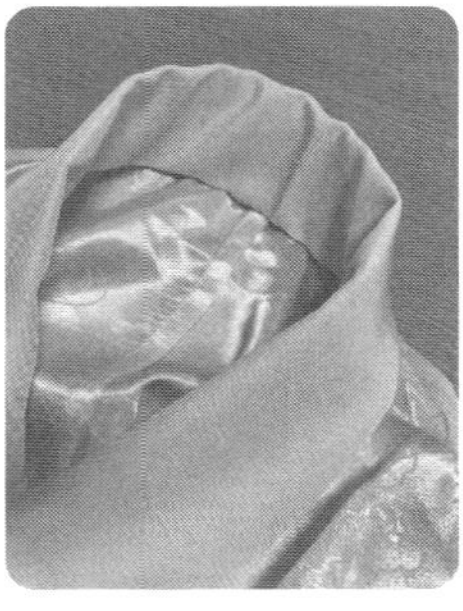

これは失敗例。
半衿が波打たないよう
ひっぱって
なるべくキレイに
つけたいものです

58

その衿の波打ち！目立たなくする応急処置2選

あ～
ヨレ～
① 襦袢を着たままでもOK
半衿の首側をひっぱって安全ピンで留める or 縫い留める
半衿のブカブカこれでスッキリ！
② 着物を着たまま身八ツ口から手を入れて
着物の下
襦袢の下
半衿の首側（外側）の布をひっぱる
半衿にピッタリ幅の衿芯を使うのも大事にゃよ!!
ピシーッ！

半衿の波打ちを直す応急処置2選

長襦袢を着てみたらなんか半衿が波打ってる、なんてときには、半衿の首側をひっぱるとブカブカがとれます。ひっぱった位置に安全ピンをうったり、一針入れておくと戻りません。

着物を着てしまった後に、あれ、半衿が……というときもありますよね。そんなときには身八ツ口《みやつくち》から手を入れ、右側は着物と襦袢の間、左側は着物と襦袢の上前の下にある半衿を探し当て、やはり首側につながっているほうを引っ張ります。こうすると半衿のブカブカが直ります。

半衿をつけた幅より衿芯の幅が細くて遊んでしまっていると、半衿がブカブカになりやすいです。応急処置はありますが、半衿が毎回波打ってしまうという方は、半衿つけのやり方や衿芯の見直しなど根本解決を考えてみてください。

胸元は一番
人の目に入る場所。
ここがピシッと
していると
気持ちいい！

59

涼しいけど
着ぶくれしちゃう？
麻着物を
スッキリ
着こなす
×1.5倍
ガンダム？
涼しいんだけど…
② 着るときなでて空気を抜く!!
背中もタテに空気を抜いてニャ
スッキリ!!
当社比
たたんだら
座布団などで押さえる
① 洗ったら「押し」をかけふくらみを減らす
麻の足袋や肌着も涼しいニャーン!!

夏は麻が涼しい！着ぶくれしないコツ

麻の着物はハリがあって、体にはりつかず「風を着る」ように涼しいのがその魅力。

そんな素敵な麻ですが、「ハリがある＝硬い」ということもあり、肌が弱いので着られないという方もいます。そして体から浮きやすく着ぶくれして見えるという問題も。でも、着たい！

着るときに上半身は上から下に、下半身は横方向になでつけて空気を抜くように丁寧に着るとこれが結構違います。あとはお洗濯後、たたんだら「押し」をしてふくらみを抑えて。シワやふくらみは、麻の涼しさ、愛しさではありますが、ほどよく抑えるとよりすっきり美しく着られるようになります。麻は着たいけれど太って見えると思っている方、「着るときに空気を抜く」「洗ったら押しで落ち着かせる」をお試しください。

麻製品は放湿性があって快適に着られます。襦袢などに一年中愛用する方も

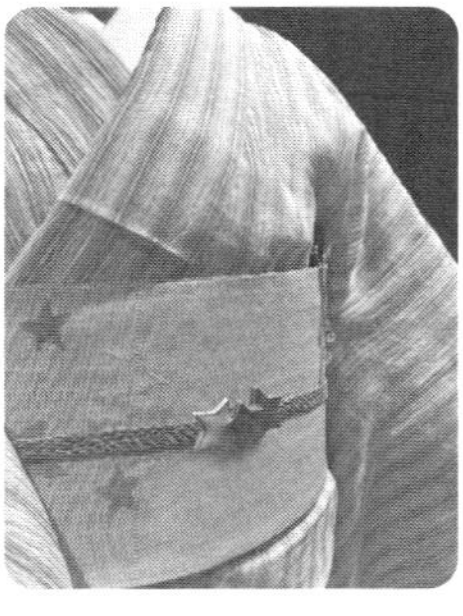

60 ゆるりとぴたりの着付けの違いは？

ふわっと沿わせて
着付けると…
ピタッと
これはこれでいいんだけど
絹の輝きも出ます
シャキッとするニャ
礼装はピタッと感がキレイかも
布の張りを出すだけで結構違う!!
普段着は上ゆるり下ピタリが好みかも
体を支えるピタッと着付け試してみてね！

着物をゆるりと着るかピタッと着るか

着物はふわっとゆるっと着ると、ゆるふわ～なシルエットになります。何を当たり前のことをといわれると思うのですが、以前の私はそんなにピターッと体を包むようには着物を着てなかったんですね。着付けも然り。

でも着物や肌着も「布で体を支える」という感覚がある、ということをたかはしきものの工房の女将に教わりました。襦袢や着物自体の布の「面」できゅっと引き締め、体を支えると気持ちいいのです。生地も光沢が出ます。

普段着をゆるりと楽に着るときも、腰周りの要所はピッと支えると心地よいですよね。着心地や着姿に関しては、好みもあると思うので絶対というわけではありませんが、「ゆるり」と「ピタッ」という選択肢を知った上で、自分はこっちがいいなと思うほうを選ぶとよいと思います。

礼装は
ぴたり着付けが
断然綺麗。
絹の光沢が
ひき立ちます

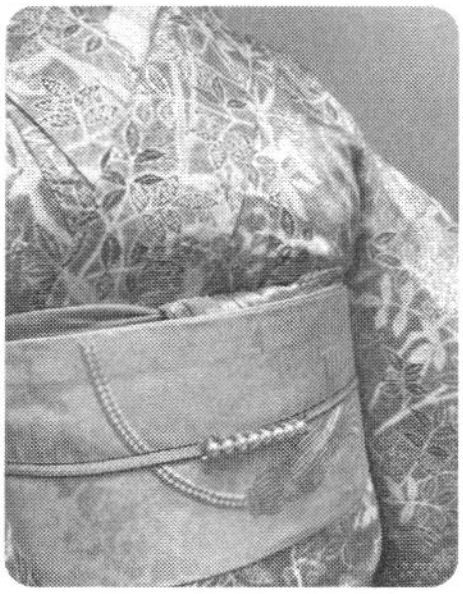

コラム 3

お太鼓が落ちた！？「やらかし」で経験値アップ

着物を着慣れているつもりでもいつも同じようには着られないし、うまくいったなという日もあれば、イマイチな日も。

特に帯結びは難関。「尺が長い（短い）」「模様が出ない」などいろいろな問題が起きがち。そんなときはやり直すより、後戻りしなくていいように対処できる知恵の引き出しをたくさんもっておくと便利です。

先日、アンティークの帯留めつきの短い帯締めに紐を足して使ったら、見事にほどけて電車の中でお太鼓がびろ〜んと落ちました。さっと押さえて、ショールで隠して待ち合わせ駅前のドン・キホーテに飛び込みましたね。この日に限って仮紐を忘れたので代用品を探し、ゴム紐がないといわれて荷造り用の紐を買って、お太鼓を固定してしのぎました（方法はP64参照）。顛末はWEBコラムにも書きましたが、同じことが起こった人には、ネットで調べたら私の失敗談も役に立つかもしれません。

時代劇みたいに、鼻緒が切れたらイケメンが手ぬぐいをピッと割いて直してくれるなんてことはない現代（この例えも若い人には通じないかも・笑）、自分でなんとかする知恵を身につけておきたい＆同好の士と共有したいですね。

第3章
雨にも暑さ寒さにも負けない！普段着物　便利帳

61

正絹着物でも雨の日のおでかけを楽しむ

とにかく着物を濡らさない工夫をしましょう!
雨シミは大敵!!
なるべくシワにならないように着物の裾をまくりあげて腰紐やクリップで留めます
襦袢だけになるので雨コートを脱ぎ着する時は人目に気をつけてネ
ON!
でっかい傘がヨイ!
どーんとこーい♪
スカーフは首元の雨よけ
雨コートの袖の振りを1ヶ所縫い留めると袖が飛び出さないよ!!
折りたたみ傘の時は吸水ポーチがあるとgood
バッグをまるごとエコバッグや撥水風呂敷にイン!!
てぬぐい2枚
予備の足袋
腰紐とクリップ
←雨草履 or レインブーツでも!

正絹着物でもできる雨の日対策

私は実は着物雨女。着物ででかけるぞ!と張り切っているときに限って、なぜだか雲行きが……。でもせっかく考え抜いたコーデを変更するのもがっかりなものです。雨対策グッズで装備すれば意外と大丈夫。着物の裾をあげて腰紐かクリップで留めれば水跳ねも大丈夫。スカーフは、首元の雨を防ぎます。無防備になりがちな場所ですが、結構濡れてしまう盲点です。足袋は替えを持つか、雨用足袋カバーを履くと安心です。草履は雨用のものかレインシューズを。どうしても履きたい草履があったら室内で履き替えましょう。とにかく正絹は「濡らさない」のが大事。

お気に入りの雨グッズがあれば雨の日が楽しみになるかも? 他にもタクシーを利用するなど、臨機応変に濡れない方法を考えましょう。

首元も意外と
濡れてしまう
ポイントです。
スカーフがなかったら
手ぬぐいでカバー!

62 雨の日対策 洗える着物で気楽に!

気軽におでかけ!洗える着物で雨もへっちゃら

雨の日は洗える着物も出動します。あまり着込むと暑いので、帯さえガードできればよい!と割り切って、さっと上に洗える羽織などを羽織って、雨も平気なＰＶＣ草履で出かけちゃいます。

雨対策といえば、最近は夏の夕立ならぬ、予測できないゲリラ豪雨が大敵です。予想していない突然の雨は本当に困りますよね。不安定な天気の季節は、晴雨兼用日傘と、いざというとき帯をガードできる羽織ものを持っていると心強い。ストールなど、冷房対策にもなりますし、1枚持っているとお役立ちです。

でも、おでかけ前にはバタバタしてすっかり忘れてしまって、いざ降られたときに毎回己の準備不足を反省するトリ頭の私だったりするわけですが……。洗える着物なら安心ですよ。

ざぶさぶ
洗濯機で洗える
着物は雨女の
心強い
相棒さんです

63

雨コート対決!
二部式
VS
一部式
セパレートで使える!
お値段もお手頃な仕立て上がり多し
最近はオシャレな形も多いよ〜
着る時ちょっと面倒!?
丈は自分で調節可!
迷っちゃうねっ!!
スッキリスマート!!
サッと羽織れる!
お誂えもお楽しみ〜♪
大島紬とかでオーダーしてみたい!!
身丈ピッタリを選ぶのが大事

雨《あま》コートは一部式（フルレングス）？二部式（セパレート）？

最初はお値段の手頃な化繊の二部式の雨コートを使っていた私ですが、一部式のものを使ってみたら装着する手間が少ないし、すっきり見えるので一部式をメインで使うようになりました。暑い季節は紗布コートも愛用しています。

でも最近二部式も利点が多いなと見直し中です。なんといっても別々に使えるのがいいところ。私は冬の雪のときなど下の巻きスカート部分だけを使って、上はウールのコートにしてしまうこともあります。逆に暑い時季に下だけ使って上は薄いショールで帯をカバーして傘でしのぐと蒸れなくていいです。

最近はおしゃれなセパレートタイプも増えてきて、工夫次第で楽しめそうです。あとは携帯性がよいかどうかも重要ですよね。

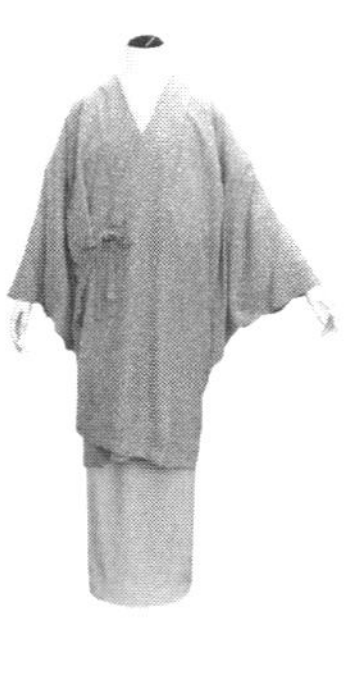

上下で柄が違う
二部式の雨コートは
分けて使いやすい
（楽雨：いち利モール）

64

アイロンで雨コートの撥水が戻る!
傘でもイケます!!
熱で効果が復活するんだって!
パリッ
知らなかったニャン
シワもとれて一石二鳥ニャ
洗濯表示を確認してネ!!
*当て布が必要な場合もあります!!
シミシミ〜
だんだん撥水効果が薄れて
コロコロ!
復活!

アイロンで雨コートの撥水効果を復活させる!

持ち運びのときにシワになってしまった雨コートを見たお店の方に「撥水加工は、熱を加えると復活するから、アイロンをかけたりドライヤーをかけたりするとよい」と教えてもらいました。

早速家に帰ってアイロンをかけてみると、濡れるとにじんでいたのが水をかけてもコロコロ……。ついていたシワもとれてパリッとキレイに。これはイイ!! 折りたたみ傘もいけました。

アイロンをかけるときには、洗濯表示を見てアイロン可か確認を。温度や当て布などは表示に従ってください。熱を加えればいいといっても、乾燥機はNG。汚れていると汚れも定着させてしまうので、汚れがないか確認すること。手脂も含め、油分は大敵だそうなので気をつけましょう。

水をはじいて
コロコロ〜
となるのが
気持ちいい!
アイロンよきです

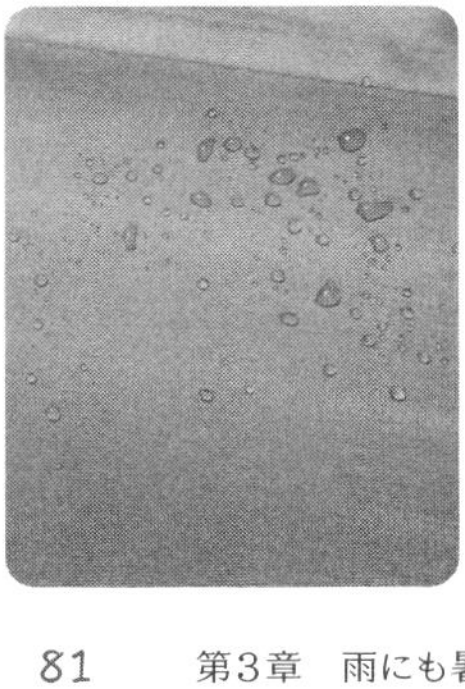

65

夏の日焼け&冷房対策&汚れ防止に
夏のストール&アームカバー!!
薄くて
大判がおすすめだよ
たためば超コンパクト!
テキトーにくるくるでOK
バッグにポン!でOK
洋服だとリーズナブル♥
あったまるー
冷えちゃう首に巻ける
帯のちりよけにもなります!
混んでる電車も安心!
ちょっと寒かったらアームカバーをするとちがいます!!
見せたくない時は袖の中にIN!
とりはずしもラクラク

夏の日焼け＆冷房対策にサマーストール＆アームカバー

羽織ものを着るのが暑い夏は、帯まで隠れるくらいの幅（横幅80センチ以上）のあるサマーストールが便利。さっと羽織れてさっと外せて、たたむのも適当でよくてコンパクト。木綿など洗えるものがおすすめです。洋服用ならリーズナブル。

日差しの強いときは日焼け対策にもなってくれますし、少々の雨カバーにも、帯の汚れ防止にもなります。薄手でもボリュームがあるので、首をしっかりくるめば結構暖かい。でも、衣紋の部分を抜いて羽織れば風も通ってさほど暑くもありません。考えてみると、暑い国では大判の布を体に巻いていることが多いですよね。上着を持ち歩くより楽なので、洋服のときでも愛用中。

あとはアームカバーも日焼け&冷房対策に超有効！実は着物は肘が冷えるんですよね。

日傘と
サマーストールは
夏のおでかけ
必需品！
大判が安心

66

保冷剤をあてたいトコロ 4ケ所!
あぢぃ～
衣紋・首元
胸元
ワキ
押しあてると生き返るポイント!
COOl!!
小さな保冷剤
ミニタオルや手ぬぐいでくるんで
背中・帯の中へおしり側から差し込みます
夏は水分補給も忘れずに!
冷凍食品を入れる銀色のシートに包んでおくと長持ちするよ!
とり外し自由がいいところ
生温かくなったら(^^;)
取り出してください

浴衣にも、着物にも！
保冷剤で猛暑を乗り切れ！

ケーキなどを買うとついてくる、小さいサイズの保冷剤の活用法です。炎天下でも首などに押し当てれば、暑さも和らぎます。

帯枕や補整に保冷剤を入れるといいと聞きますが、保冷効果がなくなったときに取り出せないし、「ちょっと冷たすぎるな～」と思ったときも、対処しづらいものです。

なので、保冷剤をミニタオルや手ぬぐいにくるんで帯と着物の間、おしり側から背中のところに差し込んで入れます。帯を結んでしまってから最後に差し込むので、これだと取り出しも簡単。

おでかけのとき、暑い外へ飛び出していくときに心強い味方になってくれますよ！　保冷剤の取り扱いについては、中身をお子さんやペットが口にすると危ないものもあるので、注意書きを読んで、正しく使用してくださいね。

100均でも
可愛い保冷剤が
いろいろあって
テンション
あがります

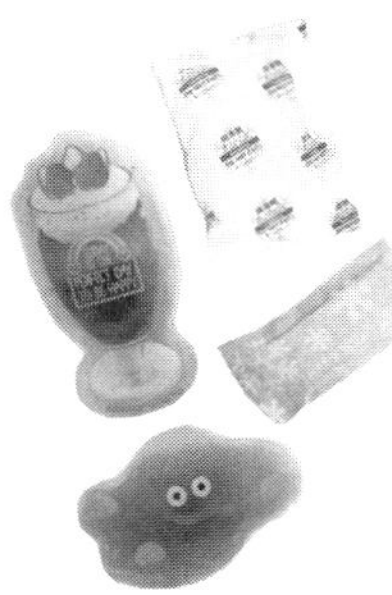

67

冷感
汗ふきシートが使える子!!
涼やか気分〜
バッグにも常備しておきたい
用が済んだら取り出して捨ててネ!!
小さいビニール袋を持ってると便利
-3℃!
COOL!
フキフキ
スーー
首元や衿元のお肌に載せておくと冷感が続きます!
お肌の弱い人は注意!
着物につかないように!
着る時の汗も抑えてくれる!!
猫にメントールはNGニャ!
小さい子もNGニャ!

冷感汗ふきシートで夏着物も涼しく！の巻

着物を着るときには、エアコンを効かせた部屋で扇風機を回しながら、とにかく汗をかかないで着るのが大事。最初に汗をかいてしまうと、泣きたくなります。

冷感汗ふきシートを衿肩あきや胸元に挟むと、スーッとして外を歩いても気持ちいいと教えてもらい、早速ドラッグストアに走りました。

汗ふきシートはあまり使ったことがなかったのですが、メントール配合でスーッとする感覚が確かにマイナス3度感覚。着物を着る前も、さっと胸元や脇の下、首元などを拭くとスキッとして汗が出にくい気がします。また、取り出してそのまま挟むよりも、肌着が濡れにくいかも。

汗をかいたときにも拭くだけで爽やかなので、暑い時季はいつもバッグに入れて愛用しています。

効果を感じなく
なったら
取り外して。
ビニール袋があると
捨てるときに
便利

Bioré
冷
-3℃

68

進化してる! 夏の洗える着物

セオアルファ Love!!!
風が抜けるー
サラッと快適!!
色柄キレイ
汚れても気にならない
●ちょっとマイナス?
・やっぱり絹に比べると肌ざわりが及ばず
・すべって着崩れやすい!
・ポリと思うとぞんざいに?
天然素材とお好みで使い分けできるニャ
お手入れラクラク
すぐ乾く!
シワにならない
洗濯ネットに入れて洗濯機にポン!
超速乾!!
アイロンいらず

夏の洗える着物が進化!
※セオアルファの浴衣を夏着物として

レーヨンやポリエステル素材のものは以前に比べると格段に進化していて、「夏用」といわれるものは特に涼しくなってきている気がします。綿麻や麻よりも落ち感がよくて愛用中。

なにより、いいなと思っているのはシワになりにくいこと。天然の素材に比べて多少手荒に扱ってもヘイキ。そして洗うと乾きが早い&ノーアイロンでオッケー。これが本当にラクチン!

特にセオアルファがお気に入り。麻や綿のものよりちょっとだけよそゆき顔なのも気に入っています。ゴワゴワだったり暑かったりのポリを着て「合繊はだめ!」と思っていらっしゃる方は、新しい素材のものにぜひトライしてみていただきたいなと思います。着物も、肌着の素材も、日々進化していますよ!

※セオアルファ　東レ株式会社開発の吸水性のあるポリエステル生地

セオアルファの着物が増殖中。雨にも強いから単衣の時季にも大活躍

夏は作り帯!!
時短で汗をかかずに着付けしちゃお〜!!
夏着物、着てしまえばこっちのもの!
エアコンと扇風機Wで冷やして
早っ!
冷感シートも
切らずにできる作り帯もあります!
ワンタッチ式
マジックテープなどで巻くだけカンタン装着
形になっているお太鼓を背負うタイプ(文化帯)
胴
手
お太鼓
パーツに分かれていて別々に装着するタイプ
いろいろあるニャー

夏こそ作り帯！
着付け時間短縮で暑さ軽減

街で涼しげな夏着物の人を見かけると、涼しい風が吹いてくるようです。本当は暑いのは知ってます。でも、やっぱり憧れですよねー。

薄物に袖を通すトキメキを感じたい。だが、暑い！(笑)着付けのときには冷房ＭＡＸ！でも帯を結ぶとき、いいポイントが出なかったり形が気に入らなかったり、そこでやり直しの刑になってしまうと、気づくと汗だくになっていたり。帯結びって結構力も頭も使います。また夏帯って薄くて扱いが難しいんですよね〜！

そんなとき、私の心の強い味方が「作り帯」です。帯結びタイムが確実に短縮できますし、気に入った形にならないとか、模様が出ないとか、そんな心配もありません。切るのに抵抗があったら、切らずに作れる作り帯もあります。

夏は作り帯。でもほんとは一年中作り帯は便利です

70 普段着物にはコレ!! レースの筒袖《つつそで》!

着物の袖丈気にしない!
角袖より涼しい!
チラッ
たすきがけとも相性よし!
可愛いニャ
お手伝いさんみたいで
おうち仕事もはかどりそうニャン
綿レースがかわちぃ…♥
21~22cm
身八ツ口が開いているのがポイント
半襦袢や肌襦袢に縫いつけたり
マジックテープで留めたり
ゴージャス!!
好きなレースで自作しても♥

実は涼しい!
普段着物にレース筒袖がおすすめ

襦袢を角袖ではなく筒袖にすると、布の量が減るだけでこんなに違うのかしら？と思うくらい涼しいです。

筒袖とは、筒型の振りのないお袖のこと。ちゃんと身八ツ口が開いているのがキモです。自作するときもこの部分を忘れないで。これも涼しさの秘訣なんです!!

昭和の昔は、レース袖口（レース替え袖）というものが売られていて、それを肌着にちくちく縫い付けたりしたもの。機能的に考えると、肘をカバーできればいいので別にレースはなくてもいいわけなんですが、そこがおしゃれをしたいという女心というヤツでしょうか。

肘を曲げたときに、ちょっと短めの裄の普段着物から、ちらっとレースが覗くと萌えますよね。

夏だけじゃなく、通年便利なので、普段着物にはとてもおすすめです!

レトロで素朴な綿のレース袖口は祖母の箪笥発掘品

71

単衣&夏着物は後ろ姿に気をつけて！

夏の和装インナーで大事なのは「涼しい」ということですが、危険なのが「透け問題」。夏の着物や単衣は透け感があるもの、薄いものが多いので、袷のときには気にならなかった肌着のラインや色が響いてしまうことも。特に後ろは自分では見えないので気をつけたいですね。

そもそも夏着物は透けるのが身上。どこに透け感を出すか、透けていいところ悪いところの見極めができていればいいと思います。洋服のシースルーのブラウスと同じです。そして、自分は気をつける、人のあら探しはしないというのが、着物レディの嗜みでございます（これ重要）。

夏の着物姿は見る人の心も涼しくさせる風物詩。注目を浴びるだけに、透けポイントにはちょっと気をつけて。素敵に着こなしてくださいね！

夏の着物は
透けるものが多い！
屋外で見ると
結構透けて見えるので
要注意です

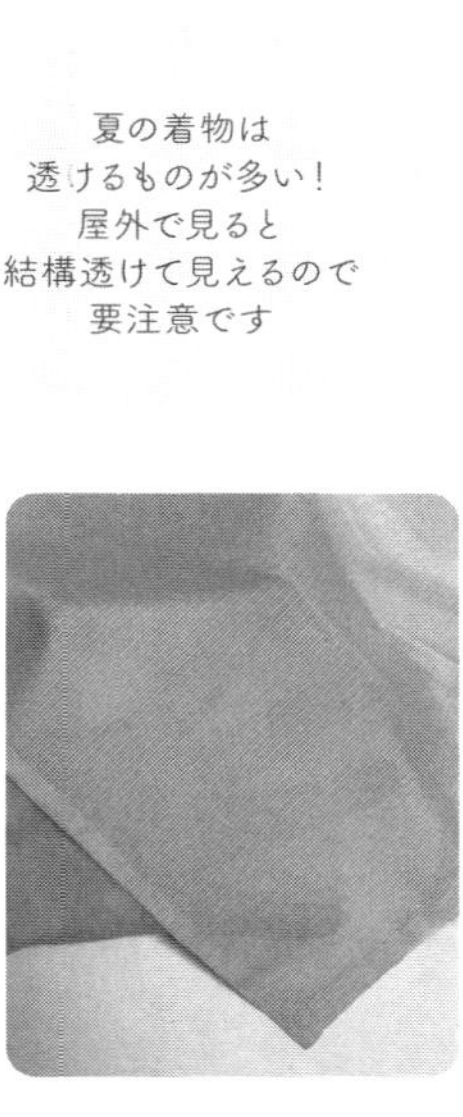

72

夏の着物＋色つき襦袢で単衣風に着られる！

白い襦袢
色つき襦袢
鮮やかカラーやラメ入りの夏襦袢も登場
夏！
透け感が涼やか〜だニャー
秋・初夏単衣風に
透けないだけで印象が変わる！
私は麻のをダイロンで染めました
夏の醍醐味!! 「薄物」絽、紗、上布など
色が落ち着いて秋にも楽しめます
模様つきの襦袢で透け見えさせる上級者テクニックもある!!

濃い色の襦袢で夏の着物を秋の風情に

透け感のある夏着物に、濃い色の襦袢を合わせるだけで、あら不思議。落ち着いた、秋の風情に変身します。

濃い色の夏着物に白い襦袢を合わせると、透け感が際立って涼しげな印象ですが、透け感があまり感じられないだけで、同じ夏着物でもぐんと落ち着いて見えるのです。

帯揚げや帯締めを落ち着いたトーンに変えたり、帯留めや帯飾りに季節のモチーフを取り入れたりしたら、盛夏の着物から秋の風が吹いてくるようなコーディネートに早変わり。

着ているものは変わらないのに、秋っぽく見えるこのテクニック、「濃い色の夏の襦袢を入手する」という高いハードルはありますが、効果抜群です。

私は古い麻の襦袢をダイロン染料で染めちゃいました。普段着ならそれもあり！

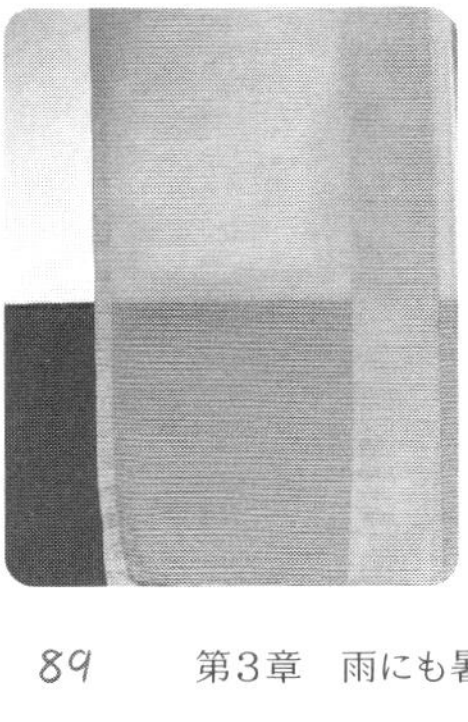

同じ着物でも襦袢の色でこんなに透け感が違います

73

男物の兵児帯《へこおび》がシックで使いやすい!!

正絹のものは
締め心地もヨシ！
色もシックで
使いやすい！
この端絞りで
結び目が緩まない！
総絞りはさらなり！
ギュッと引き締めて
リボン結びでOK！
おじいちゃんの兵児帯が
残ってたらラッキー!!
ザ★昭和の
お父さん
波平さんが
してるやつ
男子普段着はコレ！
帯板で前幅を
出すと女子っぽく
プリーツを
とるとかわいいよ
柔らかいから
お腹が
らくちーーん!!
カンタンに
かわいく
結べる♥
リボン返し
リボン結び

男物の兵児帯で普段着がマイブーム！

数年前から時々男着物を着ることがあるのですが、先日思い立って兵児帯を使ってみたら、すっごく楽でした！ギュッと引き締めればしっかり腰を支えてくれますし、総絞りのものならちょっと弾力性があるのがまた気持ちよい。これは家に帰ったら昭和のお父さんたち、着物と兵児帯に着替えるわけです（納得）。

兵児帯は、男物も女物も実はサイズはあまり変わりません。女性着物には帯板を包むようにして前の幅を出せばOK。帯が硬くないって、こんなに楽なんだなと目からウロコでした。

総絞りのものは豪華だけどやっぱり暑いので、帯の端だけに絞りが入っているいわゆる「端絞り」というタイプのほうが夏には向いているかもしれません。

柔らかいけれど
締まるところは
締まる
男子兵児帯
使えます！

74

昭和の
お母さん気分
家事の強い味方 割烹着《かっぽうぎ》！
楽な着方は…
着物をしっかりガード！
シンプル派です
レースやフリルつきもあるけど
目指せ
おうち着物の
達人!!
ザ☆昭和の
お母さん
1
首の後ろの
紐を先に
結んでおく
(ちょっと余裕を
もって)
2
スポッと
頭から
かぶる
3
袖を
通して
4
後ろで
腰の
紐を
結ぶ
下はテキトー着物でもOK
ネコ抱っこもOK
てぬぐいであねさんかぶり
ステキ
ニャン

おうち着物の必需品!? 割烹着でフネさん気分

おうち着物につきものなのは割烹着。割烹とは、肉を割《さ》き、烹《に》るというその名の通り、日本料理の調理のこと。さっと着られて袖もカバーできる薄手の白いザ☆割烹着は暑くもなく、負担になりません。

割烹着といえば『サザエさん』のフネさんですが、なんと48歳設定（アニメでは50ン歳とのこと）と知ってびっくりしたのは私だけでしょうか。

マイ割烹着は、丈が長めです。実家で発掘した白割烹着は着丈が短めでフリルがついていたので、長いのが欲しくて探して、デパートでやっと見つけて買った思い出の品です。膝までカバーできると着物の汚れが全然違います。

割烹着を着ていれば、中身は適当でもなんとなく格好がつくので急な宅配便対応にも必須です。

今は色付きのものが
多く、白割烹着は
あまり見ないですが
日本のお母さんは
やっぱりコレ！

75

メェ〜
冬にピッタリ！
気軽にウールの着物着よ！
和洋MIX
洗える！
あったか
実家のタンスにあるかも
ザ！昭和の普段着リサイクルだと超お手頃!!
インナーは ワンピースとか
パーカーや
タートルネックの セーター
フリース などを
合わせても
オーバーワンピ感覚！
コーディネート次第で
ワンマイルおでかけも♥
サイズ（裄・身丈）が
小さくても
カワイイ!!
対丈でもOK.
短くスカートみたいに
着ても！
楽しい色柄もあるよ！
まずは家着でトライ！
半幅帯
太めのゴムベルトでも♥
スニーカーや
普段の靴でもOK！
洗濯は防虫剤臭との闘い（笑）
ウールは虫喰いに
注意!!!!!
絹の着物とは
別に収納してネ
大好物♪

冬に楽しみたい ウールの普段着物の巻

セーターが恋しい季節になると着たくなる着物、それがウール。単衣仕立てで、家でお手入れできて、暖かい。冬の普段着にピッタリな着物です。少しチクチクする肌触りだったり、重かったりするものも多いですが、パーカーやタートルネックとスパッツを着た上に羽織って半幅帯を結べば、全身暖かくて普段着に最高。新品は入手しにくいですが、昭和に大流行した普段着なので、実家の箪笥に眠っているかもしれません。

おふるやリサイクルものはサイズが小さくても普段着ならご愛嬌。むしろ裄が短いほうが家事をするのには好都合です。

ウール着物の天敵は虫喰いです。本当に美味しいらしくて被害にあいがちなので保管は防虫剤を入れて、必ず絹の着物とは別にしてくださいね。

寒い春先に愛用しているたんぽぽ柄のウール着物です

76

冬のお着物防寒対策、3つの首を温めろ

着物は重ね着していますし、帯周りもあったか。下着やコートなどでの防寒も大切ですが、それに加えて押さえておきたい、冷えポイントの首元・手首・足首の3つの首。ここをカバーさえすれば、着物は本当に暖かい衣服です。

まず首はマフラーやショールで。冷やすと風邪をひくという風池《ふうち》というツボの部分は温めておきたいところ。次は手首。手袋とアームカバー両方しておくと最強。

そして足首。こちらは足袋の下に履くハイソックスがとてもあったか。濃いベージュのほうが、肌着っぽくなくて自然な感じがします。足袋自体を暖かい素材にしたり、暑くなったら外せるレッグウォーマーを使ったりするのも便利。普段着なら防寒草履やブーツにしてしまってもいいですよね。

肌着などで着込んでしまうと暑くても脱げないので着脱できるアイテムで!

77

あったかインナー昭和VS令和!?
昭和あったかインナー ① 都腰巻き
ずっしりホカホカ
ニットの肌襦袢も存在した!
ウエストは紐で調整
メリヤス編みのニット腰巻き
ニットは重いのよニャー
昭和あったかインナー ② ネルの裾よけと肌襦袢
起毛でホカホカ
*ネルとは…フランネルの略称。本ネルは羊毛、綿ネルは木綿で、起毛素材で暖かい
カシミヤのはお高かったわよ〜!
キモノ大先輩
なつかしいわ〜
令和版はライト!
洋服用も使える! 新素材のものは軽い・すぐ乾く!!
ペチパンツ
ペチコート
七分袖
ヒートテックはバレエネックがおすすめ

あったかインナー昭和VS令和

朱色やらくだ色のニットのスカート型腰巻きは「都腰《みやここし》巻《ま》き」という、昭和の中頃まで使われていたあったか裾よけ。昔はカシミヤ製もあって、高価だったのよ～とデパートの売り場で大先輩に教えてもらいました。上に着る肌襦袢も同じようにニットの素材のものがあったようです。他にも、ネルの腰巻きや肌襦袢もありました。今よりもっと寒く、暖房も火鉢などだった頃。普段に着物を着ていた時代にはこういった暖かいアイテムは必要なものだったのでしょうね。

今では屋内の暖房がしっかりしているので、あまりしっかりインナーを着込んでしまうと暑すぎることも。新素材で汗もすぐ乾くような暖かい肌着が誕生していますし、快適な新素材ものにもアンテナを張っておきたいですね。

令和版
都腰巻き。
たかはしきもの工房の
「ペチコ」は
スカート代わりにも

78

Q.足袋のこはぜって何枚がいいの？
A.何枚でもいい!!
掛け糸
*自分の足首にあった位置の糸にひっかける
コレ
掛け糸にかけて留める爪型の留め具
メーカー名やサイズが入ることも
明治時代に普及した
「鞐」「小鉤」「甲馳」とも書く
枚数に厳格な決まりはないのニャン!!
粋の権化？
助六の足袋はこはぜ2枚！
しかも黄色!!
5枚
フォーマル寄り
足がキレイに見える
関西好み
4枚
カジュアル寄り
動きやすい
関東好み・粋
子どもは3枚が多いニャン

足袋のこはぜは5枚か4枚か

大人の足袋の「こはぜ」は4枚と5枚があります。フォーマルは5枚でカジュアルは4枚とかよくいいますが、特に決まりはないそうです。

5枚のほうが足首を長く覆うので、足首を見せたくなければ5枚。4枚だと足首部分が短くて動きやすいのでそちらを好む人もいます。

関西では5枚が好まれ、関東では足首がちらっと見えると粋だということで4枚が好まれるとも。歌舞伎の助六の足袋はなんとこはぜが2枚。粋を追求したということでしょうか。

こはぜには、メーカーのロゴやサイズの刻印がされていたり、金色だったり銀色だったり結構バリエーションがあります。今度足袋を履かれるとき、こはぜにも注目してみてください。なかなか奥深いですよ。

ロゴ入りや数字入り、槌目模様のものやプレーンなもの、いろいろあって楽しい！

79

お食事時は危険がいっぱい!!
「やっちゃった…」防止は忘れずに！
ショック～!!
スローモーションではねるのが見える。
ピチャン
よろしければお使いください
お店によってはナプキン2枚やお食事エプロンを出してくれるところも！
気楽な着物の時には帯とひざだけカバーしても!!
手ぬぐいなどでもOK
着物の衿に撥水加工の大判のひざかけや防水風呂敷は安心!!
白っぽい色だとレフ板効果あり♥
汁もの・飲みもの要注意!!
モストデンジャラス案件：赤ワイン
ポロリにも気をつけて
トマトソース系
論外：カレーうどん
ひざはガードしたい
汚れガードはやりすぎずスマートに……お食事を楽しんでニャ!!

汁ハネ注意！
お食事時の着物を守れ！

お刺身を取り損ねてお醤油がポチャンと着物にはねた、という怖い話を聞きました。正絹の着物にシミがついてしまうと、お手入れ代が痛い出費になってしまいます。

私は特に守りたい着物のときは撥水加工されている大判のおひざかけを着物の衿にはさんで、胸元、帯から膝までガードしています。「撥水加工」が肝です。胸元と帯だけでなく意外とお膝も、ころんと食べこぼしが落ちてしまうこともあり、危険なのでできたら広範囲をカバーしたい。

ただ我々シニアに近づいてまいりますと、ばっちり「エプロン」をすると、介護みが感じられてしまうことも（汗）。気をつけるにこしたことはないですが、どこまでガードするかは場の雰囲気もありますし、臨機応変にいきたいですね。

「クリップ付 撥水加工のおひざがけ」（たかはしきもの工房）はレースもついていていい感じです

80 旅のお伴に連れていきたい フルレングス道中着

最強旅行着!? フルレングス道中着

私のフルレングスの道中着は、洗える着物の反物をマイサイズで雨コートのような形に袷で仕立ててもらったもの。道中着の形で、裾までしっかり着物をガードしてくれます。チリよけにもなるし、寒い季節の雨コート代わりにもなるし、なかなか優れものなんですよ。キレイ色で作ったのでとても華やかで、下はどうでもこれを着ているとよく褒められます(笑)。

そして、これを愛用する理由は……洗えるので汚れても平気! 大事な着物を守ってくれるからなんです。先日は奈良に行ったとき、鹿の鼻スタンプの洗礼を受けましたが、無事でした。

ホテルでもさっと羽織れば帯なしで朝ごはんもOK。雨コートを別に持つ必要もないし旅行にも便利&最強。気に入った反物でお誂え、おすすめです!

もう15年くらい
愛用してるけれど
全然へたれない。
ポリエステル
最強伝説です

81

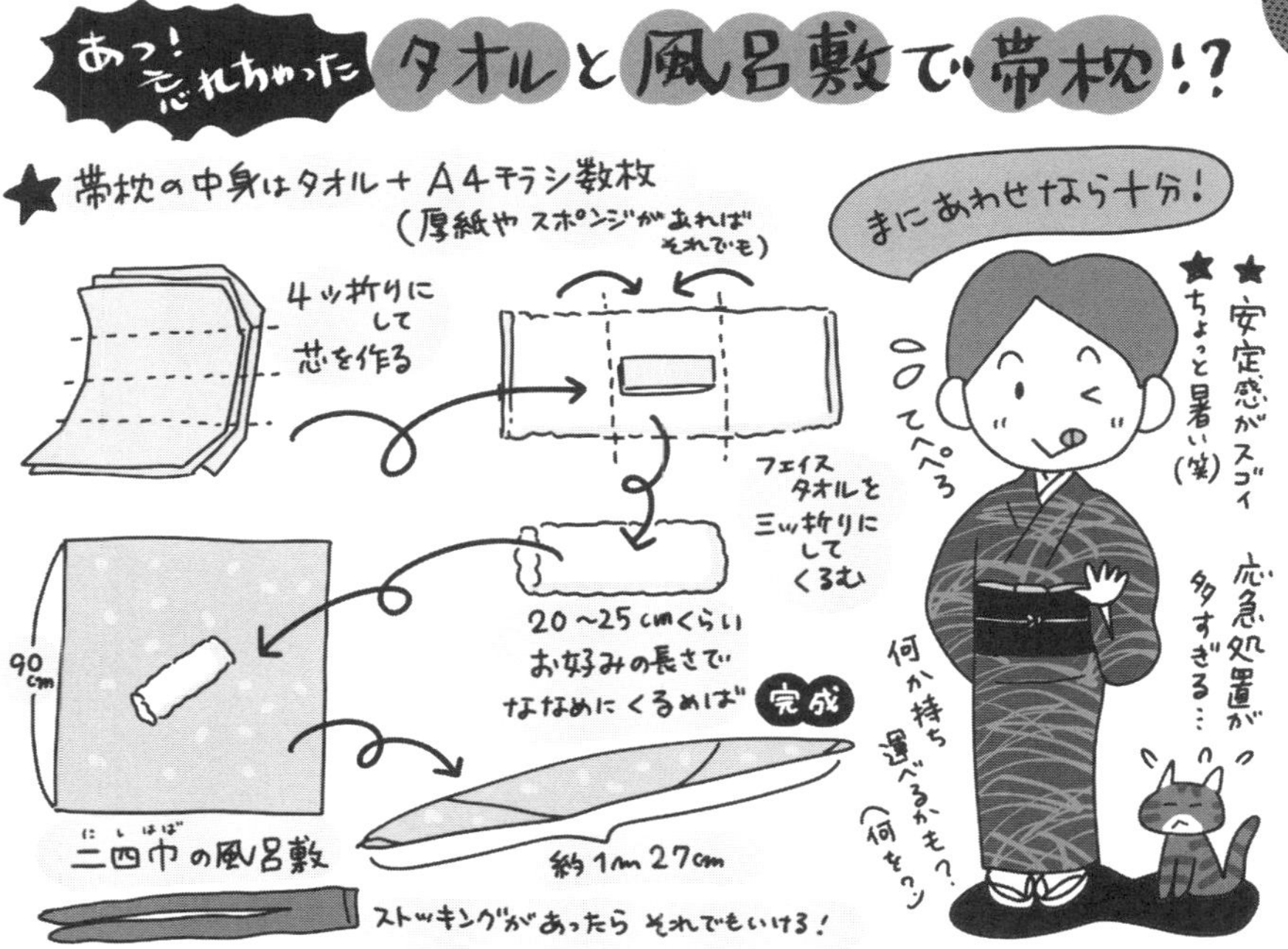

あっ！忘れちゃった
タオルと風呂敷で帯枕!?
★帯枕の中身はタオル＋A4チラシ数枚
（厚紙やスポンジがあればそれでも）
4ッ折りにして芯を作る
フェイスタオルを三ッ折りにしてくるむ
20～25cmくらいお好みの長さでななめにくるめば
完成
90cm
二四巾《にしはば》の風呂敷
約1m27cm
ストッキングがあったらそれでもいける！
まにあわせなら十分！
てへぺろ
★安定感がスゴイ
★ちょっと暑い（笑）
応急処置が多すぎる…
何か持ち運べるかも？（何を？）

枕紐の代用を風呂敷でしてみたぞ！

出先や旅先にいろいろ忘れる私ですが、帯枕を忘れたことも。銀座結びにしてもよかったのですが、手持ちのものでなんとか、というわけでフェイスタオルを丸めて芯を作りました。それだけだと帯山がぺこん、と曲がってしまうのでA４サイズのチラシ数枚を４つに折って包んで枕に。さて枕紐は……というと、着物を包んできた風呂敷（二四巾《にしはば》＝90センチ四方）を斜めにして真ん中にタオルを置いて包んで使いました。

結果は、まあちょっと重いけどなんとかなりました。風呂敷はバイアスにするとちょっと伸びるし、代用としてはなかなか優れていましたが、布の量が多いから暑いかも。でも、安定感が半端なかったです。忘れないのが一番ですが、小物系は、結構なんとかなるものですね。

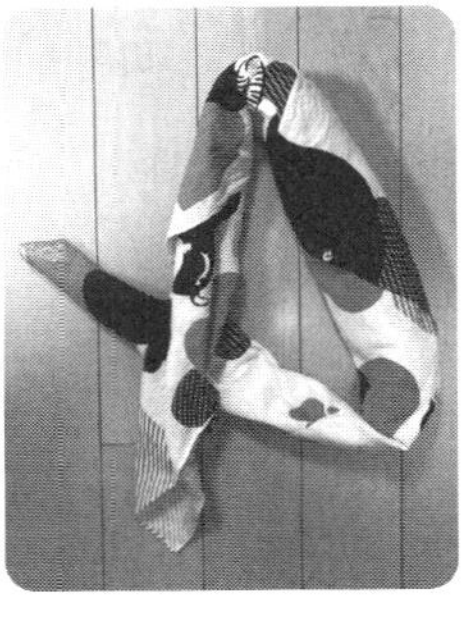

これが風呂敷帯枕。
風呂敷は着物のパッキングに欠かせない必需品です！

82 あっ、アレがない！ 代用品はいろいろあるよ！

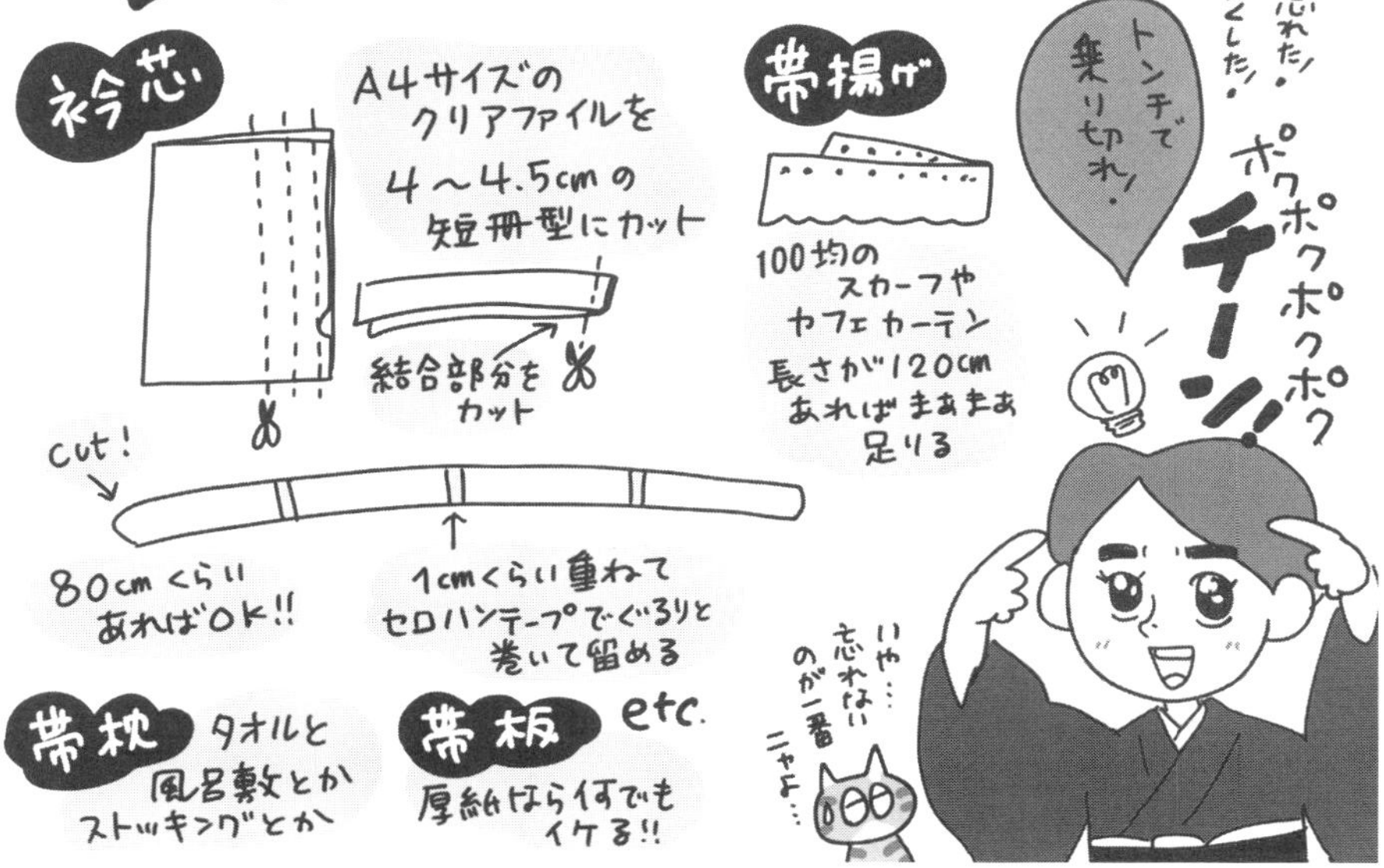
衿芯
A4サイズのクリアファイルを4～4.5cmの短冊型にカット
結合部分をカット
cut!
80cmくらいあればOK!!
1cmくらい重ねてセロハンテープでぐるりと巻いて留める
帯揚げ
100均のスカーフやカフェカーテン
長さが120cmあればまあまあ足りる
忘れた！失くした！
トンチで乗り切れ！
ポクポクポクポク
チーン!!
いや…忘れないのが一番ニャよ…
帯枕 タオルと風呂敷とかストッキングとか
帯板 厚紙なら何でもイケる!!
etc.

あれがない、これがないときの代用品

ドジっ子（死語）の私は、着物のときも結構やらかします。出先で替えの足袋を取り出したら右足が2つなんて日常茶飯事。足袋下ハイソックスだけで、足袋を履いてなかった！とか、帯揚げをするのを忘れて100均でカフェカーテンを買って代用したり、衿芯がなくてチラシで代用したり、帯板はデパートの紙袋を使ったり。いろいろあります。それでも「私は左右違う草履を履いてたことがあるわ！」という大先輩もいらして、まだまだドジ界のひよっこなのかもしれません。

なければ作る！探す！知らんぷりする！などのテクニックを駆使して、トラブル対処をすれば大丈夫。意外と気づかれないものであります。開き直ると案外平気なものだったり。失敗も「あはは」と笑い飛ばしたほうが、人生楽しいかもですよ。

好きな長さと幅にできて案外よかったクリアファイル衿芯

83

速くなくてヨシ!!自分の着付け時間を知ろう!
把握したい3つのタイム!
横目で時計を確認する程度
だいたいでオッケーでーす
1
肌着
＋
補整
＋
足袋
分
2
襦袢
(orうそつき)
＋
着物
(長着)
分
3
帯
分
おでかけ予定も組みやすいヨ!
スピード勝負じゃないから焦らず自分のペースで
時短のためには「やり直し」をしなくていいよう着付けをするのがイチバン!!
自分のできるスピードでいいのニャ

着付けにかかる時間を把握する

初心者の頃は、本を見ながら四苦八苦。途中やり直したりなんだかんだで2時間くらいかかって着物を着ていました。それが今では15分から20分。それぞれのパーツを身につけるのに自分がどれくらい時間をかけているか？ということを把握してから格段に時間が短縮されました。

早く着るのがいいのではなく、自分が納得できる仕上がりにするためにどれくらい時間がかかるか、を知るほうが大切。焦ってもうまくいきませんし、「これくらいかかるから、逆算して始めればＯＫ」と思うととても余裕ができますよね。

あと、やり直しをしない。そのために帯の柄出しや短いときの対処などを覚えておくと有効です。後戻りしないことがタイムロスを防ぐ一番の手段。時計を見ながら、着付けしてみてください。

速さより
自分が心地よい
着付けの時間を
把握することが
大事です

84 羽織紐をカッコよく結びたい！ 2種

ビーズや石のもカワイイけど平紐のを最後に結び目を平らにおさめる時が好き♥
できたー!!ってかんじで（笑）
ささっと結べるとステキニャン
こま結び
1
左
右
着物と同じく左を上に交差させ左を交点にかける
2
右を輪にくぐらせる
3
真ん中の結び目を整えて完成!!
叶結び
1
左
右
紐を二ツ折りにして交差させ、左を輪に通す
2
右を輪に通す
3
結び目をキレイな四角にして完成

ちょっと差がつく！羽織紐の結び方

羽織の前を合わせる羽織紐。最近は「無双」と呼ばれる、組紐にとんぼ玉などを通したり、ビーズや石を連ね、S字カンで「乳《ち》」（羽織紐を通す紐）に留めたりするタイプのものが増えました。

でも羽織をエレガントに羽織った後、羽織紐もスマートに結べたらかっこいいですよね。結び方も、覚えてしまえば簡単ですし、バリエーションもあるので楽しめます。

普段はこま結び（真結び）をしていますが、叶結び（市松結び）もカワイイです。長い紐の場合は蝶結びや藤結びなどの飾り結びもあります。

こま結びは帯締めとほぼ同じなので、すぐできると思います。叶結びはお守りの紐結びにも使われる縁起のいい結び方ですので、初詣やなにか縁起を担ぎたいときなどにしてみては？

やってみると
意外と簡単！
房好きの私には
羽織紐の房も
ぐっときます

85

成人の日、20歳を祝う会 おめでとうございます
着付師もキンチョーの1日なのです！
着付けは肉体労働なのだー!!
黒子スタイル
がんばります!!
すべては着る人の笑顔のために!!
マイ7つ道具
着付けヘラ
仮紐
衿芯 腰紐 帯板代わりの厚紙など 何かの時に対応できる小物も用意
カラーゴム
シリコンゴム
安全ピン
裁縫道具
クリップ
前日まではおさらいしつつ超緊張！
カット綿
ガーゼ
包帯
違う！
いつもと
終わったら手はカサカサ 筋肉痛～～

祝！成人の日、20歳を祝う会着付けをさせていただく気持ち

友人と運営している写真館では、成人式の撮影もたくさんさせていただいています。着付けをしながら思うことは、着付けの作業は、祈りに似ているなと。包む、折る、結ぶ。子どもが一人、成人するということは、当たり前のようで当たり前じゃなく、たくさんの人の愛や力で成長してきたんだなあと。そんな宝物のような成人の姿を、第一礼装の振袖で美しく着付けていく。ご本人や家族の皆様の笑顔を見るのが、本当に嬉しい瞬間です。

毎年成人式までは振袖で頭がいっぱいで（笑）、トルソー着付けや雑誌を見て流行を研究したり、YouTubeで動画を見てイメトレしたり。楽しみでもあり、緊張もする日々を過ごし、終わった途端に緊張がとけて寝込んだり。それでも年に一度最も楽しみにしている一日です。新成人に幸あれ！

着付師の7つ道具は普段の着付けにも役に立つものばかりです

86

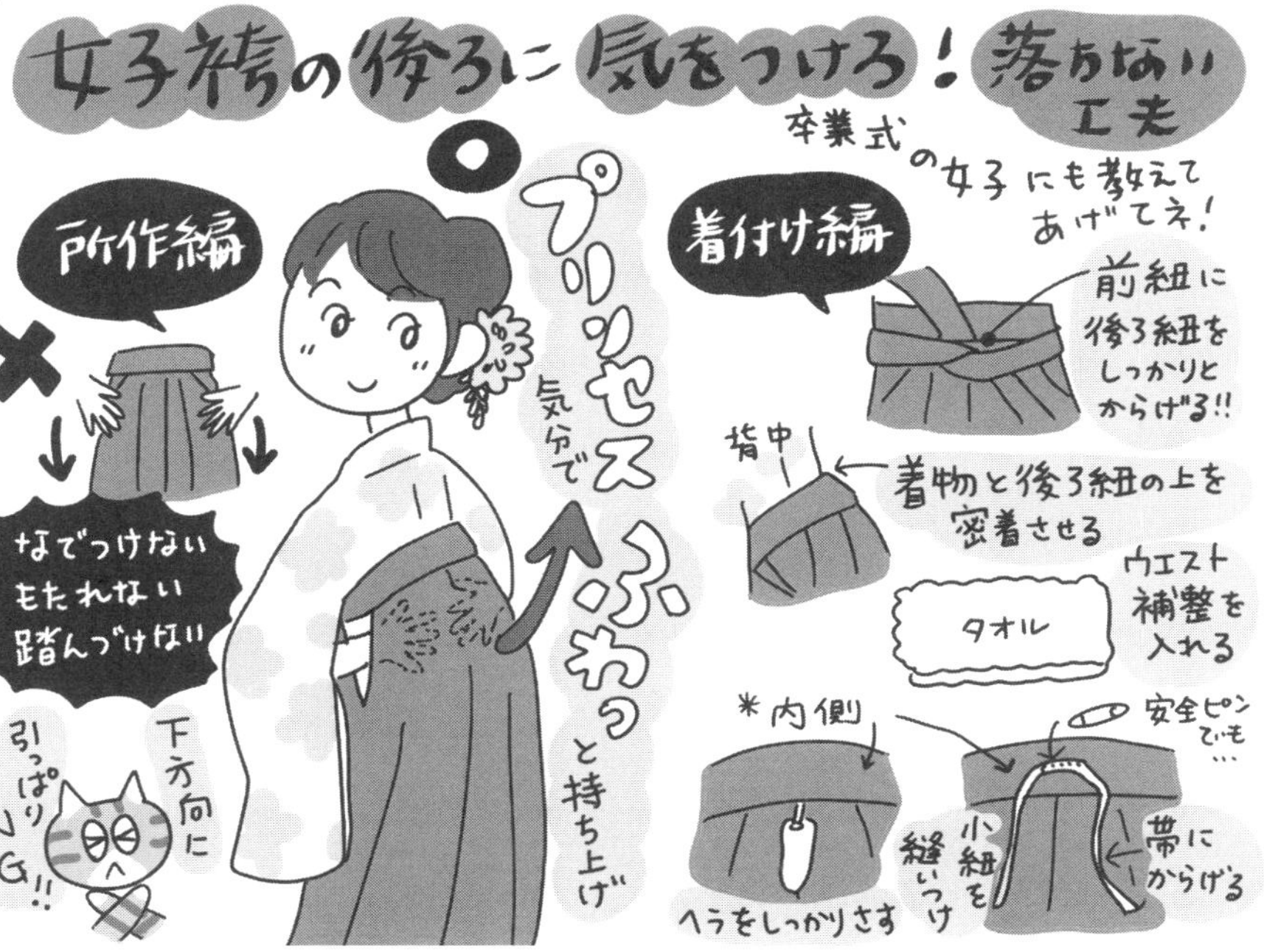
女子袴の後ろに気をつけろ！
落ちない工夫
卒業式の女子にも教えてあげてネ！
所作編
なでつけない
もたれない
踏んづけない
引っぱりNG!!
下方向に
プリンセス気分で
ふわっと持ち上げ
着付け編
前紐に後ろ紐をしっかりとからげる!!
背中
着物と後ろ紐の上を密着させる
ウエスト補整を入れる
タオル
＊内側
ヘラをしっかりさす
安全ピンでも…
小紐を縫いつけ
帯にからげる

女子袴の後ろがずり落ちないためのコツと奥の手

袴でおでかけのとき、後ろがずり落ちて帯が見えてしまった！というのは防ぎたいところ。

まずは所作。座るときにスカートのひだを整えるように下になで下ろすのはNG。脇のスリットからそっと手を入れて、後ろをふわっと持ち上げて座ると、袴のずり落ちが防げます（男袴も同様です）。椅子にもたれたり、車の乗り降りのときも、後ろ側がひっぱられるので気をつけて。

立ち上がるときに袴を踏んでいないか、他の人や椅子に踏まれていないかも確認を。袴を下方向に強くひっぱらないように気をつけていれば大丈夫！

あとは着付けのとき、帯に袴の後ろをヘラや紐でからげると落ちづらくなります。ウエストの補整も重要。袴を着た人は「ふわっと袴を持ち上げて座る」ちょっとプリンセスな所作を忘れないでね！

袴は作業着としても優秀！かるたも袴！もっと袴を楽しんで

87

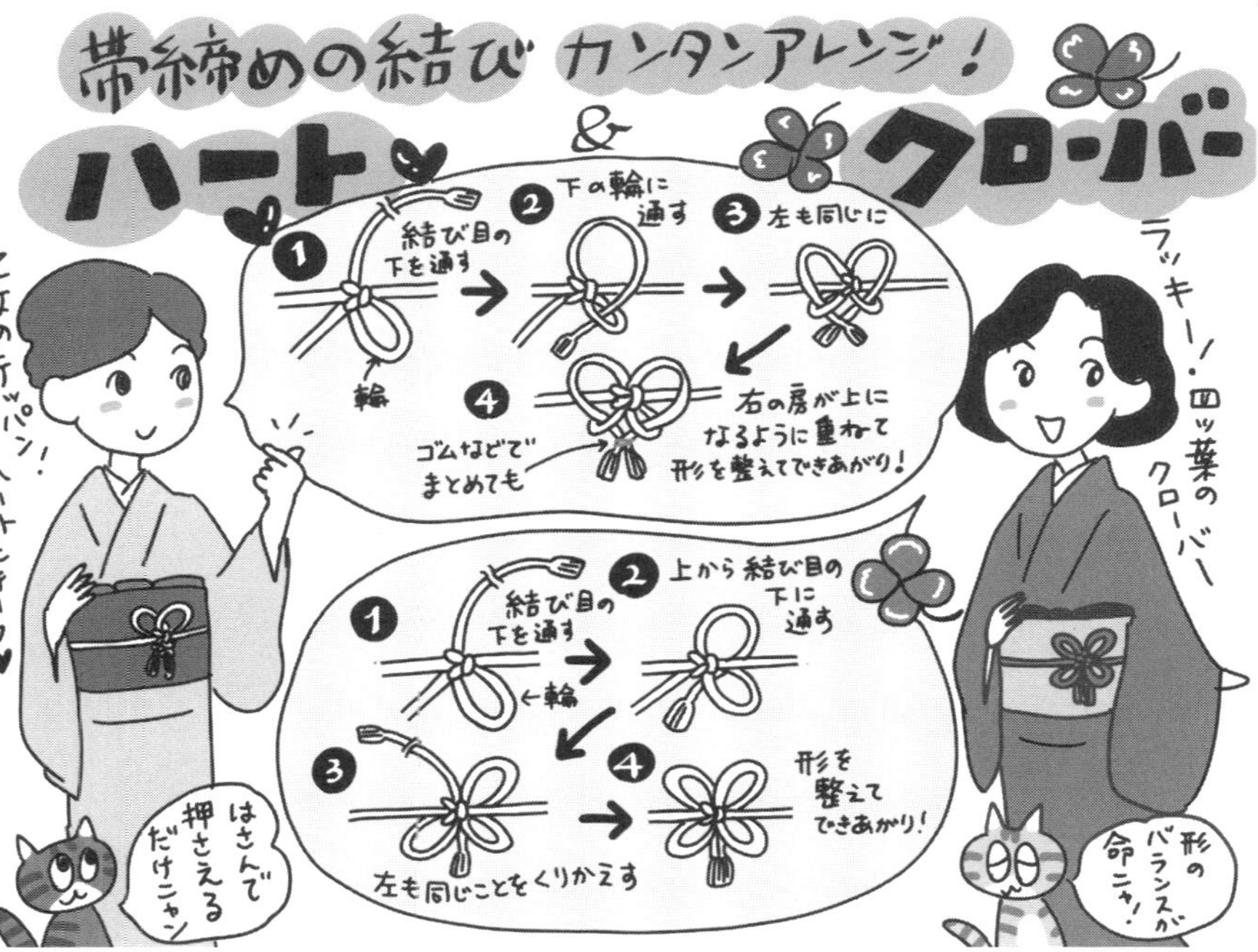

帯締めの結び カンタンアレンジ！
ハート & クローバー
1 結び目の下を通す
輪
2 下の輪に通す
3 左も同じに
4 右の房が上になるように重ねて形を整えてできあがり！
ゴムなどでまとめても
乙女のテッパン！ハートモチーフ♥
ラッキー！四ツ葉のクローバー
1 結び目の下を通す
←輪
2 上から結び目の下に通す
3 左も同じことをくりかえす
4 形を整えてできあがり！
はさんで押さえるだけニャン
形のバランスが命ニャ！

ハートに四つ葉のクローバー！ 可愛い帯締めアレンジ

ちょっと可愛い帯締めアレンジがしたいときは、ハートの形の帯締めがおすすめ。まずは普通に帯締めを結んだら、帯締めの房を下から上に通して、少し輪を残します。上に通した房をまたその輪に通して下に下ろします。左右同じようにして形を整えれば出来上がり！ そのアレンジで、四つ葉のクローバーもできます。

ハートもクローバーも、作った結び目はど真ん中は避けて、右か左か好きなほうに少し寄せるとバランスがとれます。このアレンジには丸組の帯締めが一番向いています。平組の帯締めは、裏表を出したり、輪が丸かったり仕上がりにくいので避けたほうが無難。リボン結びなどが向いています。

自分でアレンジを加えてオリジナルの結び方を楽しんでもいいですね。

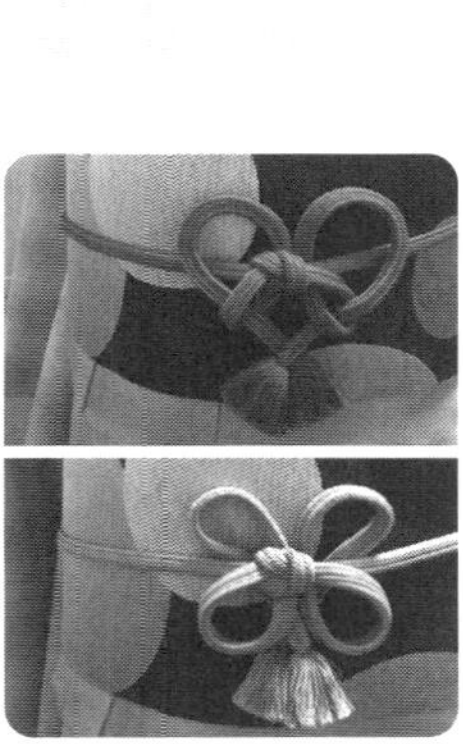

冠組の帯締めでアレンジ！バランスを整えればOK

88

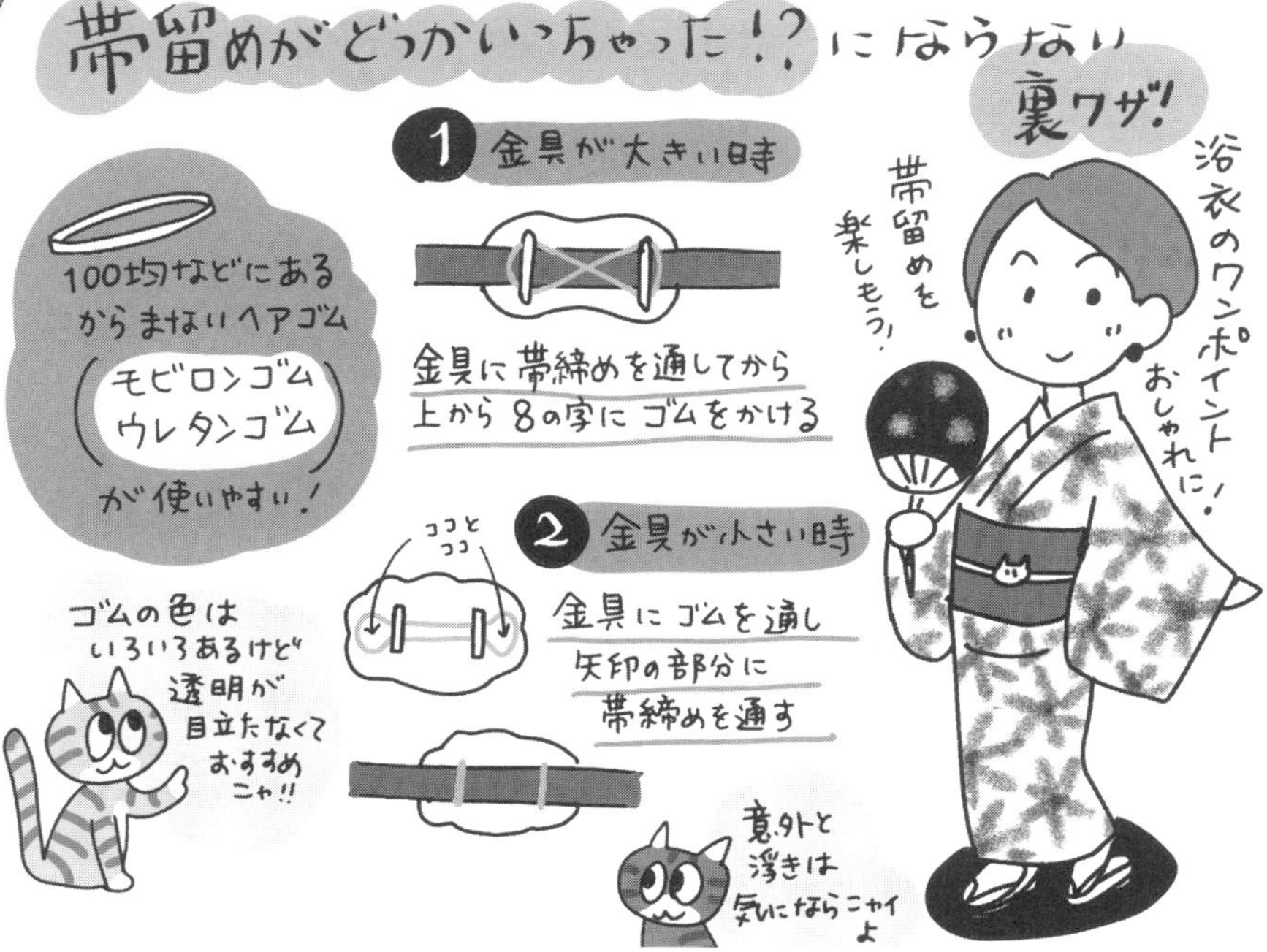
帯留めがどっかいっちゃった!?にならない
裏ワザ!
1 金具が大きい時
100均などにある
からまないヘアゴム
（モビロンゴム
ウレタンゴム）
が使いやすい！
金具に帯締めを通してから
上から8の字にゴムをかける
2 金具が小さい時
ココと
ココ
金具にゴムを通し
矢印の部分に
帯締めを通す
ゴムの色は
いろいろあるけど
透明が
目立たなくて
おすすめ
ニャ!!
意外と
浮きは
気にならニャイ
よ
帯留めを楽しもう！
浴衣のワンポイントおしゃれに！

透明ゴムで帯留めをフィットさせる方法

使いたい帯留めがあるのに、帯締めが細くてぐらぐらしたり、帯締めが太くて通らない！ そんなときに使えるのが、透明のからまないヘアゴム（ウレタンゴム、モビロンゴム、PU《ポリウレタン》ゴムなど呼び方はいろいろ）です。

①帯締めが細くてブローチ用金具や帯留めがぐらぐらするとき　帯締めが細いときは、帯留めに帯締めを通してから帯留めの金具に8の字にゴムをかけると、帯締めにフィットして安定します。

②帯締めが太くて帯留めが通らないとき　逆に帯締めが太いとか、三分紐じゃない普通の帯締めに帯留めを通したいというときは、金具にゴムを通して、そのゴムに帯締めを通せばOK！

帯留めと帯締めの組み合わせの可能性をぐっと広げてくれますよ。

ゴムは100均などで
気軽に入手可能。
劣化はするので
こまめに
取りかえて

89

おしゃれ＆実用的！はさむだけ掛け衿

半衿でもいけなくはない！
120cmくらいの長さの幅広レースを衿にはさんでみたよ！
帯の上線に好きな布をはさんでもヨシ！帯揚げとはまた違って楽しめます
クリップなどで固定して着れば縫わなくてもOK!!
色半衿も汚れが目立たないよー!!
汚れ防止の黒繻子《くろじゅす》
帯の上線につけることも
江戸時代の町娘
普段着物を手垢や汚れから守る工夫なのニャ!!

レースや布を挟むだけ！おしゃれ掛け衿

江戸時代の町娘が、衿の汚れ防止に黒繻子《くろじゅす》の掛け衿をしているのを見たことがあると思います。その応用で伊達衿を表に出したバージョンみたいな感じで、幅広レースで衿を挟んでみました。縫い付けなくても、挟むだけで大丈夫。ズレるのが気になるのであれば、衣紋の内側などを少し縫ったり、安全ピンなどで留めてもヨシ。汚れを防げて可愛くて一石二鳥の胸元が出来上がりました。

センスが問われるところですが、自分がいいぞ！と思えれば成功。洋服の付け衿感覚でも楽しめそうですね。レースが必要な長さは、伊達衿と同じくらい。110〜125センチあれば十分です。下前の見えない部分をケチれば100センチでもいけるかも。ここは体の厚みや帯の位置にもよりますので、自分はどれくらい必要か試してみてください。挟むだけの場合は、上前に挟んだ分がしっかり帯に押さえられる位置まで必要です。

なんか女子って
やっぱり
レースが好きかも。
襟元のおしゃれも
いろんな可能性が

90

やってみたら楽！和洋MIX
ロングスカートの巻
ピコーン
私もやってみるか！
楽！
あったか
たのしい！
タートルネック
結ばない帯結び
気軽
ベルト
おはしょりを帯に隠してスッキリ
くつした
おでかけもコートがあればハードル下がる！
ブーツ
自分のこだわりや固定観念を手放してみると新しい世界が！
サングラスはいらんじゃろ！

今さらだけどロングスカートで着物を着てみた

先日プリーツのロングスカートをはいていて「これはこのまま上に着物を着たらかわいいのでは〜」とウエストゴムをずりずりっと下げて足首丈にして、裄も身丈も足りない着物を羽織っておでかけしてみました。和洋ミックスの達人の皆様からみたら「今ごろ何を」という感じだとは思うのですが、実は家以外でミックスコーデを着たことがなかった私にはちょっとした冒険でした。

着ておでかけした感想は、男子着物を着たときと同じかな〜。楽ちん！でした。東京は変な格好してても誰にも何もいわれないし、ほんとにいい街です(笑)。自分の「これはだめじゃないかしら」「歳だから」みたいな思い込みを捨てれば、着物は自由なもの。自分との闘いだけなんですね。まだまだ新しい世界が待っているかも。

まだまだ
研究の余地のある
自分に似合う
MIXコーデ
模索中です

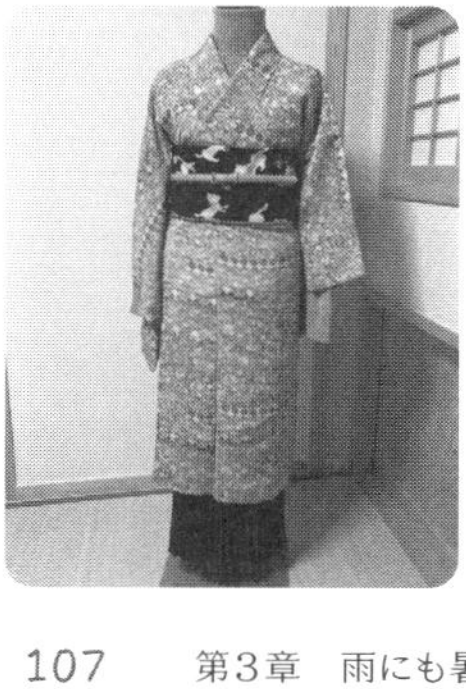

91

ショートヘアで着物を着るなら…
ボリュームとツヤが大切なのでした
ヘアオイルでツヤ
ヘアアイロン
ホットカーラー
くしで逆毛
着物の時は手をかけよう
部分ウイッグ
or
つむじウイッグ
究極奥義!! プロにお願いする
ヘアスプレー
これは確実!
普段
着物(普段)
着物(気合!)
ナチュラルだったつもり
ボサボサ…
動画はうそつかない…
これはヒドイ
客観視大切!
反省しきり
・着物ショートヘアの心得・・・・
・短い分、毛先まで気を抜かない
・ナチュラルとは構わないことではない
・ツヤ出しとボリュームUPを忘れるな
・普段の楽の代わりに維持費は必要

ショートヘアで着物を着るときの注意点

長年髪を伸ばしてまとめ髪で着物を着ていた私ですが、一度切ってしまったら楽すぎて、衿足刈り上げにまで行き着きました。何もしなくていいと思ったんですが、実は、ショートヘアもそれなりにセットしないと着物に負けるんですよね。

後頭部にホットカーラーやヘアアイロンでとにかくちょっとでもボリュームをもたせたい。あとはツヤ。部分ウイッグもありです。メイクもきちんとしたい。そしてここぞというときは、ショートヘアでもヘアメイクさんにお願いするのがいい……と最近身にしみて感じています。大事。ほんとヘアメイク大事。若い頃はなんでもよかったんだけど、もうこのごろどうしようもないんですよね。ヘアもメイクも「ナチュラル＝何もしない」ということではないと痛感している還暦前でした。

ヘアスプレーと
ホットカーラーは
必需品！
やりすぎくらいで
ちょうどいい

ケープ

92

結ばない帯結び
半幅帯を2つ折りして
体に巻いて帯締めで留める
ラクへなニュースタイルですが
しかし!!
後ろに何もないと
お尻どーん!
そこで
＊帯締めだけで
帯を留めるので
しっかり結んで!
ベルトもgood!
太めの人は
後ろポイントが吉!!
前ポイントは
後ろに
持ってきて
みた!
後ろにポイントがあったほうがお尻が目立たない!?
落ち着く…
前から見たら
結んでなくても
わからニャイ!
涙ぐましい
ニャ

結ばない帯結び、太めの50代が試してみたら？

結ばない帯結びとは半幅帯を半分の長さに折って、ぐるぐると巻いた上を帯締めやベルトで留めちゃうというもの。楽ちんですよね。気軽なお茶のお稽古時に実験してみました（強心臓）。

あまりに後ろ姿が厳しかったので、前でバラバラとつけてある帯端のポイントを、後ろに。そしたら少しは救われた気がする……。

お茶の先生には「まあ〜後ろになんにもないなんて、遊女や寝間着じゃないんだから〜」といわれてしまいましたが、簡易な結び方（巻いて挟むだけも含む）というのは、寝ても邪魔にならないということで、用いられてきた場面もあるのでしょうね。でも今はもう令和。そんなことはキニシナイ。むしろ、洋服を見慣れた目で見れば、このほうが自然なのかもしれません。

ふくよかさんには
厳しめだけど
後ろにポイントが
あれば、多少は
軽減される？

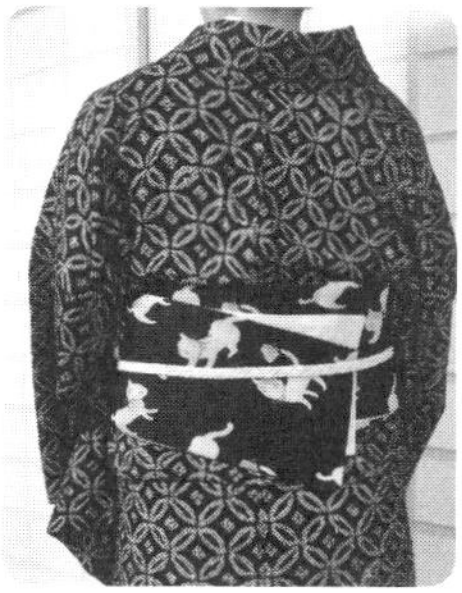

93

サッとできたらカッコイイ!! たすき掛けのやり方2

1. 初級編
① たすきを輪にして、まん中をクロスさせて両腕に通す
よっ!
② クロス部分に頭をくぐらせ背中にまわす
③ 腕のたすきをリュックのように肩にかければOK!
(緩かったら結び直す)
2. 上級編
① 端を口にくわえ左脇下を通して背中にまわす
② 右肩にかけて右脇下を通して背中にまわす
③ 左肩にかけてくわえていた端と結びあわせる
完成!
キリッ
カッコイイ!

たすき掛けのやり方、初級編&上級編の巻

たすき掛けに必要なたすき（紐）の長さは、2〜2・2メートルあれば女子ならだいたいOK。腰紐の長さと同じです。腰紐が長尺の方はさらに20センチくらいプラスしてください。

たすき掛けのやり方は、主に2つ。最初から輪っかに結んでおいて袖をひっかける方法と、時代劇とかでよく見る口に紐の端をくわえて肩にかけていく方法。

輪っか方式は簡単ですがたすきがヨレやすく、袖をひっかけてからも緩かったら結び直すのが難。肩にかけていくやり方は紐の端を口にくわえるとかっこいいのですが、汚れたらやだなって場合は、帯締めにひっかけたりクリップで留めたりしてもOK。シュッ、シュッと背中で紐をクロスさせていく姿はちょっと「できる」感があってかっこいいですよね。作業時にぜひ。

時々無意味に
やりたくなる
「決まった！」感が
あるたすき掛け

94

着物で自転車！はクリップで
くれぐれも安全運転でネ!!
上前と下前をクリップでドッキング
膝下あたりで
こういうフレームは不向きです
時間には余裕を持ってニャ
裾から25〜30cmくらい？
このあたり…
裾がはだけず自転車に乗れちゃいます！
下駄はNGです
低床フレームがおすすめ！

「着物で自転車」は着付けクリップで！

着物を着たって、自転車に乗りたいときはありますよね。駅まで急いで5分で行きたい！　なんてときには、もんぺをはく時間ももったいない！　そこで登場するのが、着付けクリップ～（青い猫型ロボットの声で）。着物の裾、上前をめくって下前と合わせて膝の少し下で留めるだけ。クリップが上すぎると裾がはだけやすいし、下すぎると邪魔に。自分にちょうどいい場所を探してください！

着物自転車歴20年超、これは重宝ワザ。見た目はそうはよろしくないけれど、とにかく一瞬で用意ができ、目的地についたら一瞬で外せるのがいいところです。幸い私は特に問題なく乗っていますが、大切な着物だと傷めてしまったり、自転車の汚れが裾についてしまったり、などなど気になるときはやめておきましょう。

長距離移動のときはもんぺやサルエルパンツで。ただし、二度見はされます（笑）

コラム 4

壁が高ければ高いほど
闘志が湧いてくるというやつ？

正直真夏に着物を着たり、台風がくるのに着物を着たりするのってどうなのかなと思うときもあります。でも仕方ない。着たいんだもん！

私も最初は雨が降ったら洋服でいいかと思っていました。でも大雪予報の日のおでかけに、「着物を着ると決めたからには着るためにどうするか」を話し合う着物友達の皆の熱意と工夫に心を打たれ、以来私もちょっとやそっとのことでは弱音を吐かなくなりました（笑）。

もちろん無理はよくないですが、意外とどんなシーンでも着物でいけちゃうもの。昔は日常着だったわけですから。着物師匠の髙橋《たかはし》和《かず》江《え》さんはバッティングセンターも着物で楽しむそうです。なかなかその域には到達できませんが、それぞれの着用シーンに相応しい着物の着方をすれば問題なし。そのためにあれこれ装備をそろえるのもワクワクします。

私はどちらかというと、着物はコスプレに近い感覚です。好きなキャラクターになりきるように、こうなりたいというイメージにできる範囲で近づけていく。昨日はフネさん、今日はマダムで明日は文豪。着物は、いくつになっても楽しめる、街に出られるコスプレなのかも。暑い寒いと文句をいいながら、それでも着物がやめられない病です。

第4章
着物の収納、始末のコツ

95

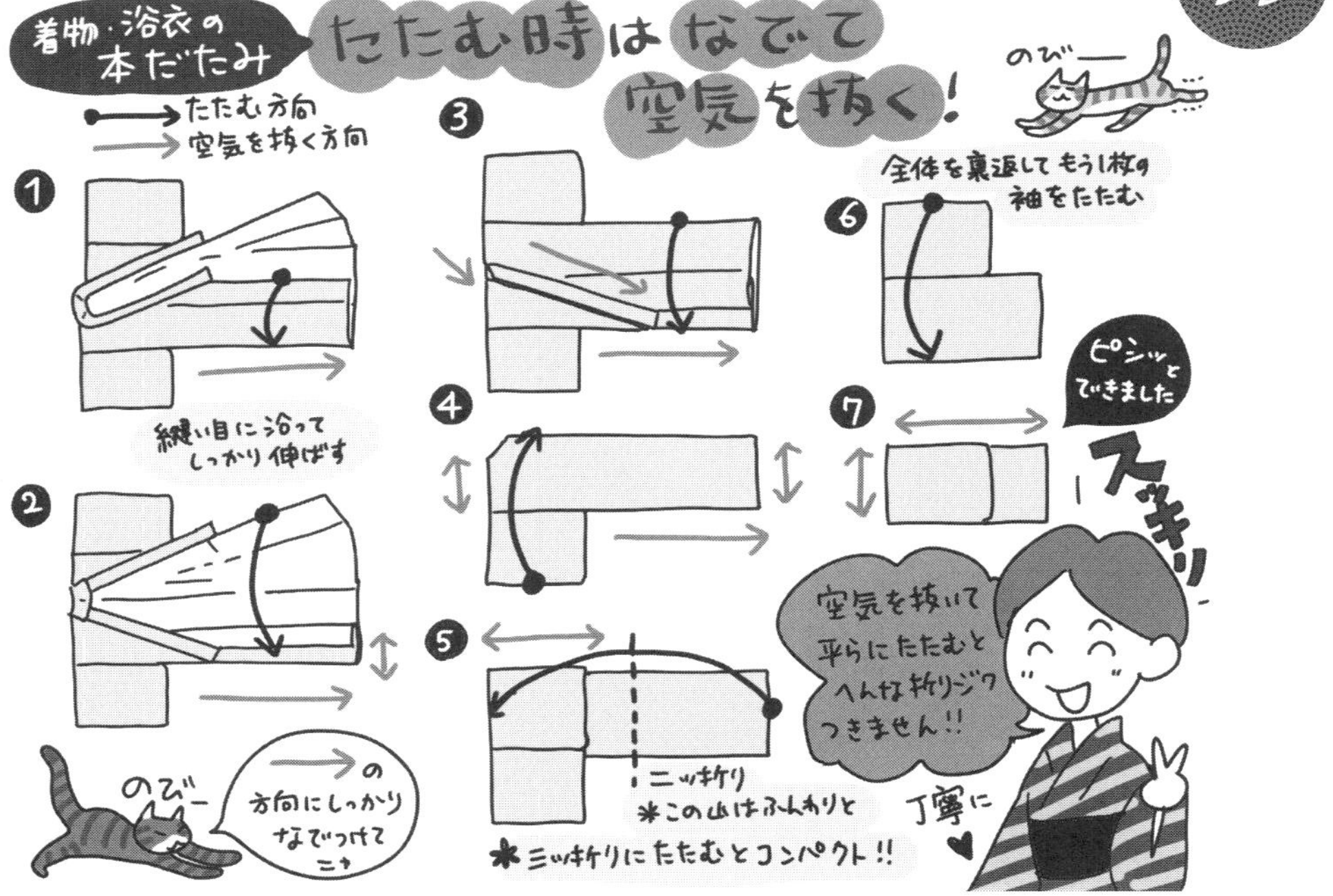
着物・浴衣の本だたみ
たたむ時はなでて空気を抜く！
たたむ方向
空気を抜く方向
のびー
縫い目に沿ってしっかり伸ばす
全体を裏返してもう1枚の袖をたたむ
ピシッとできました
スッキリ
空気を抜いて平らにたたむとへんな折りジワつきません!!
ニツ折り
＊この山はふんわりと
＊三ツ折りにたたむとコンパクト!!
丁寧に
のびー
→の方向にしっかりなでつけてニャ

ちょっと復習、着物・浴衣のたたみ方のコツ

着物を久しぶりに取り出したら変なところにシワがついているな～ということが多い人は、たたみ方を見直してみると改善しますよ（経験者）。

たたむときには、縫い目、ついた折り目に沿って、丁寧にイラスト矢印の方向へ手を動かし、空気を抜きます。主に空気の出口がある方向へ抜いていきます。左右を対称にきちんと合わせ、布の間の空気を丁寧に抜くことでズレにくく、余分なシワが入りにくくなります。

最後に全体を二つ折り、三つ折りにするときだけはふんわりと。ここにシワがくっきり入ってしまうのは、縫い目がない部分なのでNGです。この部分に筋を入れないために着物枕という筒状のクッションを入れることも。仕上げのたたみ方を丁寧にして、気持ちよく袖を通しましょう。

手でなでるように
やさしく。
空気を抜いて
汚れなども
チェックして

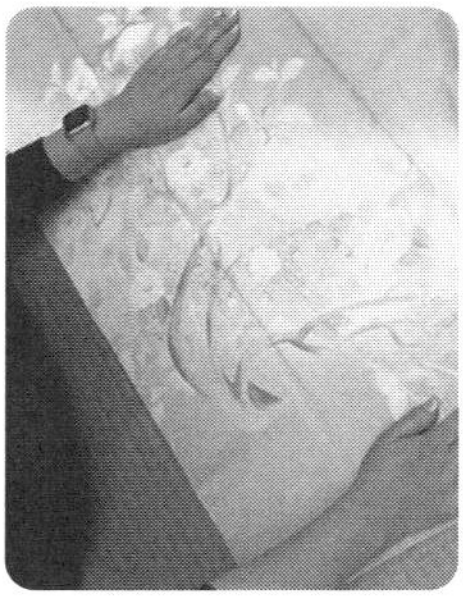

96

長襦袢はひたすら谷折り！衿のたたみ方は2通り

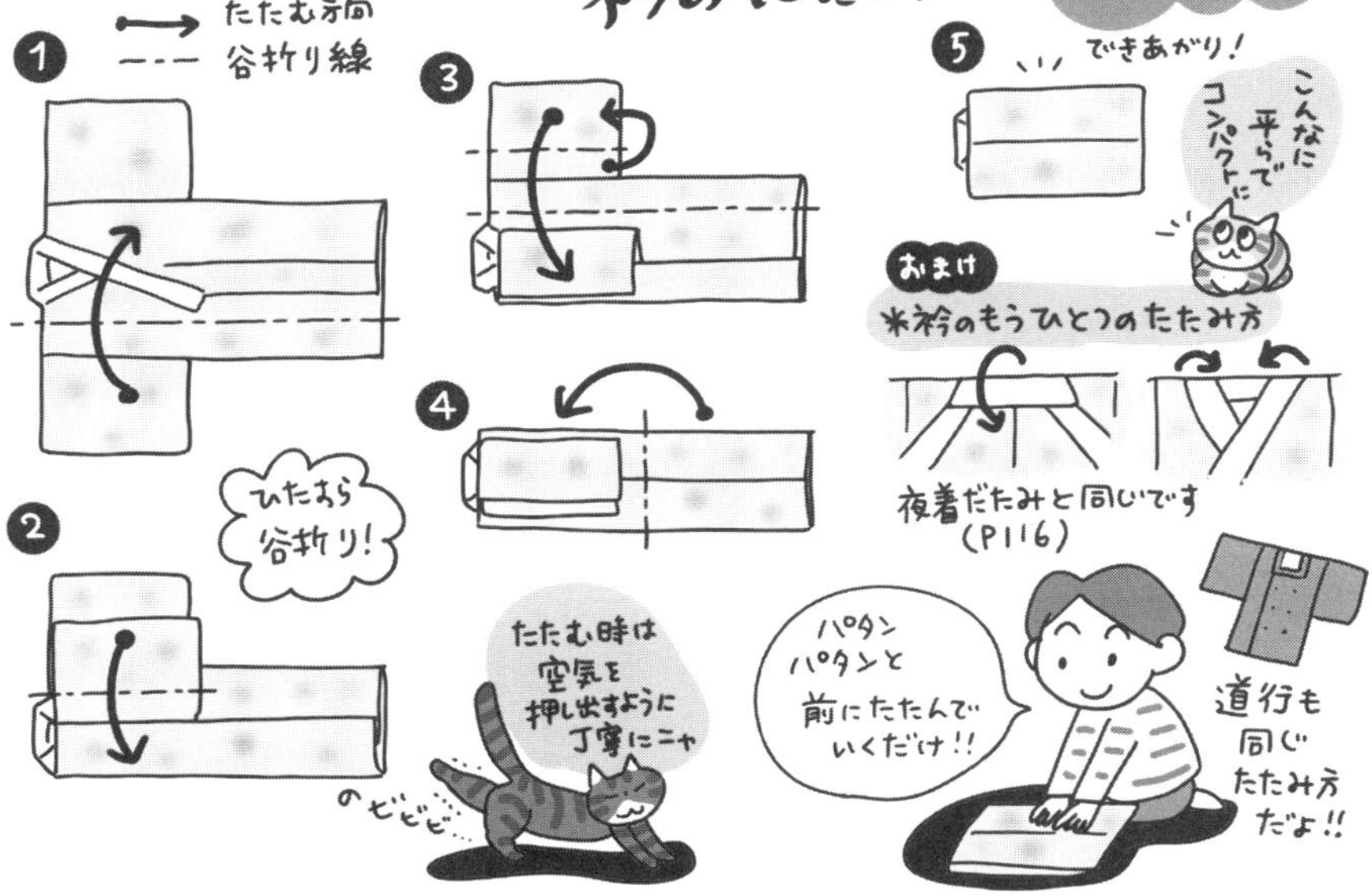

たたむ方向
谷折り線
1
2
3
4
5
ひたすら谷折り！
できあがり！
こんなに平らでコンパクトに
おまけ
＊衿のもうひとつのたたみ方
夜着だたみと同じです（P116）
たたむ時は空気を押し出すように丁寧にニャ
のビビビ
パタンパタンと前にたたんでいくだけ！！
道行も同じたたみ方だよ！！

長襦袢のたたみ方
衿はどうやってたたむのが正解？

襦袢のたたみ方は平らに広げて、真ん中に向かってパタンパタンとたたんでいくだけ。いつもついている折り目に沿ってたたんでいたんですが、襦袢の衿のたたみ方、実は2種類あるのです。

そのまま自然に首に沿わせた形と同じにたたむ方法、肩開き部分を内側に首に折り込む方法。和裁士さんに伺ってみたら、関西仕立てで広衿のものは内側に折り込むことが多いとか。留袖や振袖などをたたむときの「夜着《よぎ》だたみ」と同じ方法ですね。あとはだいたい自然な形のままだそうです。また広衿のものは着物と同じたたみ方にすることもあるそうです。「たたんであったようにたたむ」（笑）のが一番無難なのかもしれません。

道行や雨コートも、基本同じように前で袖を折りたたむたたみ方でOKです！

広衿の襦袢の衿は
夜着だたみと同じ。
仕立て方で
衿のたたみ方も
変わります

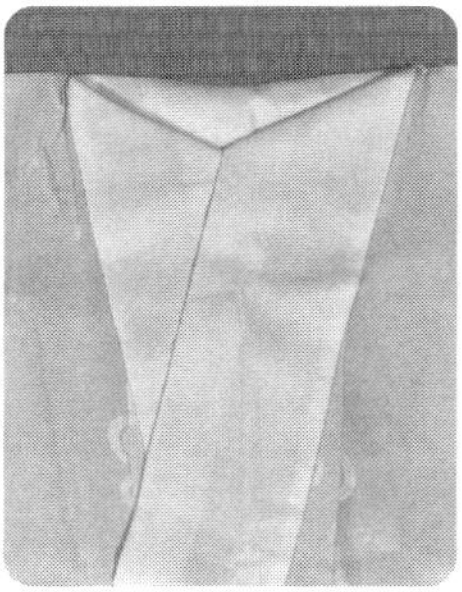

97

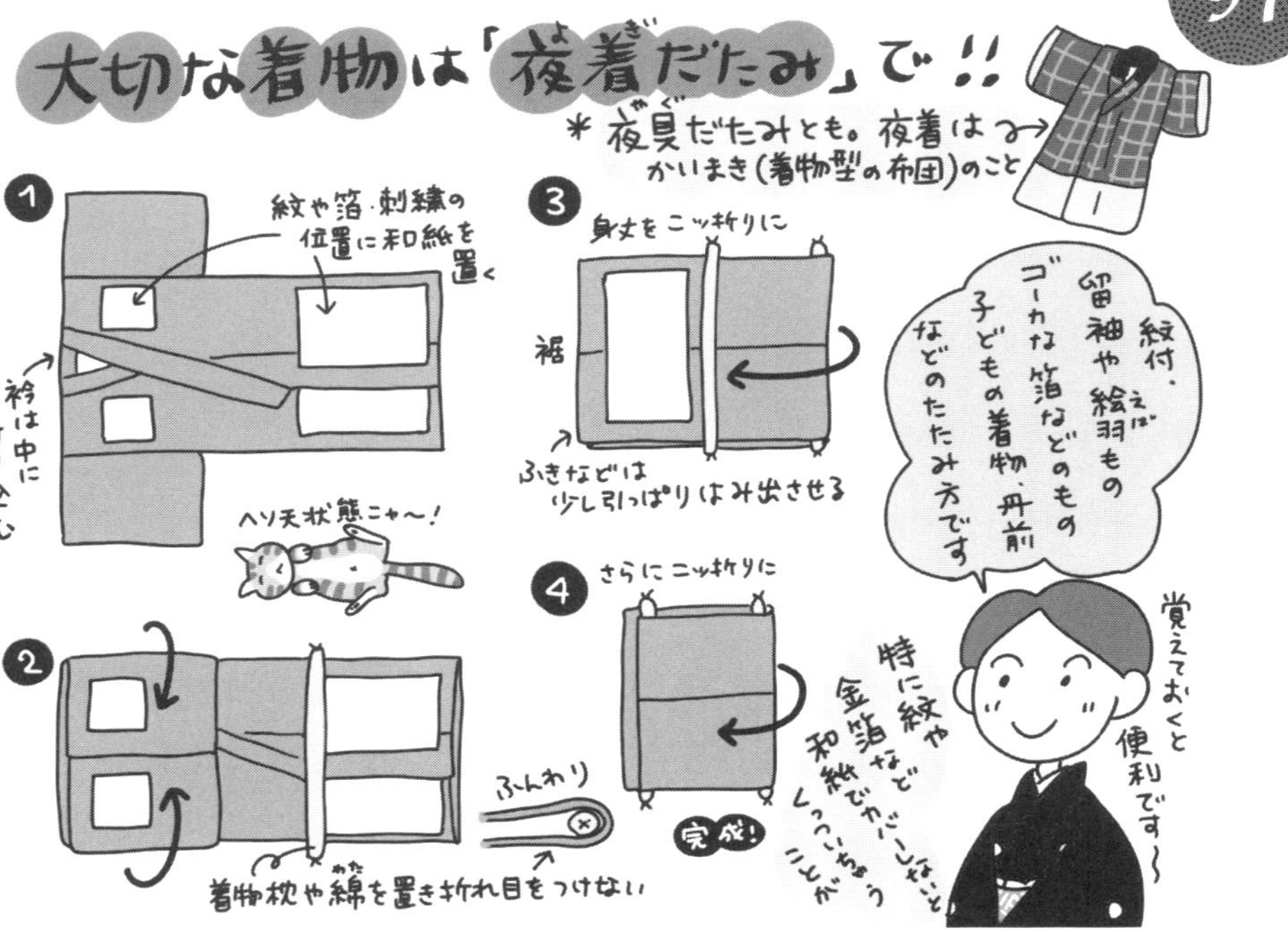

大切な着物は「夜着《よぎ》だたみ」で!!
＊夜具《やぐ》だたみとも。夜着はかいまき（着物型の布団）のこと
1
紋や箔・刺繍の位置に和紙を置く
衿は中に折り込む
ヘソ天状態にゃ〜!
2
着物枕や綿《わた》を置き折れ目をつけない
ふんわり
3
身丈を二ッ折りに
裾
ふきなどは少し引っぱりはみ出させる
4
さらに二ッ折りに
完成!
紋付、留袖や絵羽《えば》もの ゴーカな箔などのもの 子どもの着物、丹前などのたたみ方です
覚えておくと便利です〜
特に紋や金箔など和紙がないとくっついちゃうことが

覚えておきたい 夜着だたみ

夜着だたみは、夜具だたみ、平だたみなどともいわれ、昔の夜具（かいまき・着物型の布団）のたたみ方が由来です。留袖や振袖、子どもの晴れ着、紋付、丹前などはこのたたみ方をします。主に紋入りや裾模様が豪華なものにシワや傷をつけないようにたたむ方法。

紋や箔などの部分には、保護のために薄い和紙をあてて挟みます。本だたみのものでも和紙を挟むことも。これで箔などがあたっている布にくっついてしまうことが防げます。子ども用の晴れ着なども、肩揚げや腰揚げがあってもうまくたためます（長期保管の場合は揚げは取ったほうがよい）。

折り目の部分には着物枕や綿、バスタオルなどでクッションを挟み、折りジワがつかないようにします。場所はとりますが、大切な着物は夜着だたみがおすすめです。

花嫁衣装の白無垢や色打掛も夜着だたみにします

98 腰紐もたたもう！丁寧な始末で次の着付けの時も気持ちよく

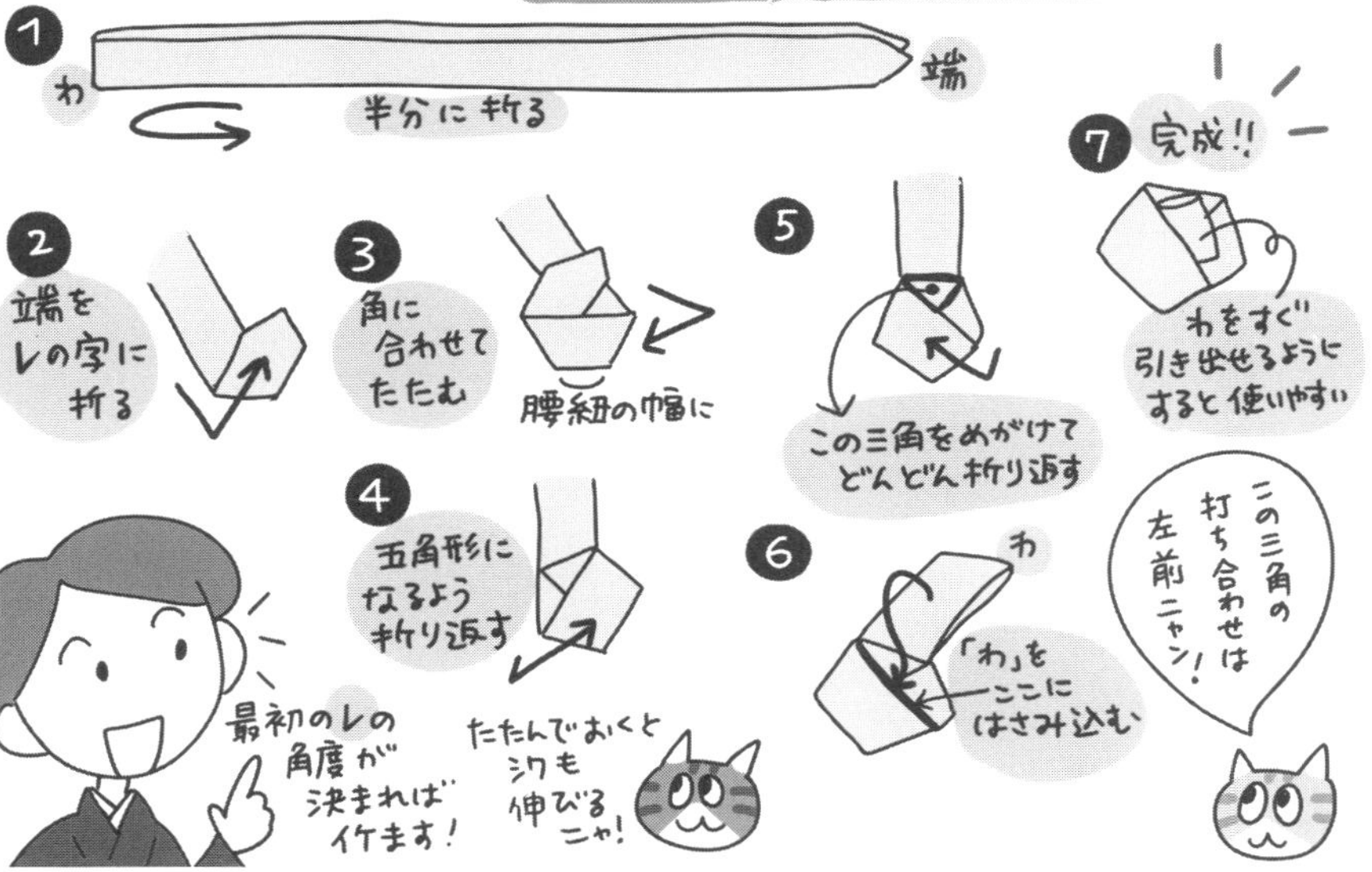
1
わ
端
半分に折る
2
端をレの字に折る
3
角に合わせてたたむ
腰紐の幅に
4
五角形になるよう折り返す
5
この三角をめがけてどんどん折り返す
6
わ
「わ」をここにはさみ込む
7
完成!!
わをすぐ引き出せるようにすると使いやすい
この三角の打ち合わせは左前ニャン！
最初のレの角度が決まればイケます！
たたんでおくとシワも伸びるニャ！

シワも伸びます 腰紐を五角形にするたたみ方

モスリンの腰紐は五角形にたたんでおくと、シワもつかないし次使うときに気持ちよく使えます。着物を脱いだときは、腰紐も汗を吸っていますので着物や帯と同じように少し吊るして陰干ししてからたたみましょう。

初心者の頃は「次また使うし、いちいちたたまなくてもええやろ」と思っていたのですが、どんどんくちゃくちゃになって使いづらくなってしまいました。以来ちゃんとたたむことにしています。

二重にしてたたむことで、たたむ回数も半分になります（笑）。きつめのシワがついてしまったときは、丁寧に伸ばしながら一重でたたんでいくと、キレイに伸びてくれます。お好みのほうでどうぞ。心がささくれだっているときは、無心で丁寧にたたむと、心のシワもとれますよ～（笑）。

着付け小物の丁寧な始末は次に着るときの気持ちよさにつながります

99

全体量を把握→必要なものを残すお片付け
帯揚げ編
1 とにかく持っているすべての帯揚げを出す！
ドサー
現実
全く使っていないのもある…ありすぎる
途中でやめずにやりきって！ファイト！
やり方を覚えたら着物や帯も同じように片付けられますよ！
片付けコーディネーターさかもとりえ先生
2 3つに分ける
よく使う大切なもの
持っていたいもの
手放すもの
大事!!
う～む…
持ちすぎニャン
決められなければ保留もあり…
量を決めて管理すれば快適!!
使いたいものがすぐ取り出せて戻しやすい！感動！
もう増やしちゃダメニャンよ
夏
袷
3 残すものは収納場所に入るだけ！たたんで立てて色もグラデーションにして ものの住所を決めて使ったら必ず元に戻す！
※衣替え時引き出しを入れ替えるだけ！
×2

お着物収納見直し大作戦！その1・帯揚げ編

小物はいくらあっても困らないという話を聞き、自分を甘やかした結果どんどん増殖。着物の収納崩壊を起こしたとき、片付けのプロさかもとりえ先生に「まず全部出して、量を把握して」といわれ、着物は無理でも帯揚げなら、と出したところが結構な山。

どこにこんなに入っていたのという量でびっくり。これは手に余るなと実感。

それを「よく使うもの、大切なもの」「持っていたいもの」「手放すもの」に分けていきます。色のダブりやシミなどがあっても捨てられなかったものが結構ありました。

使うのはだいたい決まっているし、箪笥の小引き出し3つに入る量に厳選。最近は帯揚げをしないことも増えたので、それでも多い。反省のもと、大切なものを少しだけ持つことにしました。

一度全部出して
総量を見ると
客観的に
多いかどうか
判断できるのにゃ

100 帯締めはめぐるよ どこまでも…

収納方法はP125へ
TO BE CONTINUED

ぐぬぬ…
冠組《ゆるぎ》マニア
同じ色の冠組だが こちらは撚房 こちらは切房…
選べないっ!!
房が大好きすぎてどんどん増えてしまった…
ニャーには同じにしか見えないニャ…
・着物友達にもらってもらう
・手芸材料に寄付
・バッグの持ち手にリメイク etc…
なんとか1/3を減らす
ふぅ…
まさに断腸の思いだった
がんばったニャ…
私が組んだのとかいろいろ！もらって!!
どさっ
ありがとう
かわちい♥
ごきげん
もはや業と呼ぶべき…では…
減ってない！
↑だがうれしい（笑）

お着物収納見直し大作戦！
その2・帯締め編

帯揚げに続いて帯締めも全部出してみました。私はコレクター気質があり、同じ形や同じ色のものばかりを集める傾向が。帯締めも、冠組のものが好きで、40本以上ありました。並べたら綺麗なグラデーションに！ ほぼ同じ色やん！ というものも多数でした。

冠組はダブりの色はあきらめて泣きながら半分まで厳選。帯締めはコーデ次第ですが、クセの強いものも意外と活躍するので、悩みまくりました。

もらってもらったり、手芸材料で提供したりとかなり減らせたな、と思っていたら先日、帯締めを組む着物先輩から「身はひとつなのに、作りすぎた」とたくさんの帯締めをいただきました。これまた素敵で減らした分が元に戻ってしまいました。まさに嬉しい悲鳴。収納の悩みは続くよどこまでも、なのでした。

「減らして場所が空くとまた新しいものが入ってくる」の法則

101

見やすい バラけない 名古屋帯はくるくるたたもう!

1 手先から胴の部分を帯幅(35cmくらい)にくるくる巻く
たれ裏
2 三角の部分で帯幅に合わせて胴部分を置き、たれにくるくる巻いていく
* 巻き終わりがふくらんでいたら
ぶわ
反対に折り返して!
3 できあがり!
崩れにくく持ち運びしやすい!
深さ20cm〜のタンスの引き出しに立てて収納!
一目瞭然!!
どれにしようかな〜
半幅帯もくるくる巻き
入りたい…

見やすくコンパクトに収納 名古屋帯のくるくる巻きたたみ

普段よく使う名古屋帯はくるくる巻きたたみにして箪笥の引き出しに入れています。ぱっと帯が見渡せて、選びやすくてとても便利。

母からもらった名古屋帯がこのたたみ方でたたんであったのですが、持ち運びもコンパクトで便利なので気に入っています。意外とたたみジワも気になりませんよ。普通の名古屋帯のたたみ方をすると、片手で持ったときにバラけてしまうこともありますが、このたたみ方なら大丈夫です。たれ先がたわんでしまいそうなときは、たれ先だけ内側に折り込んでください。

たかはしきもの工房の女将もこのたたみ方をしていると聞き、今ではほとんどの名古屋帯をこのたたみ方に。大切な帯、箔や刺繍を傷めたくないものなどは畳紙《たとうし》に納めてくださいね。普段使いの帯からお試しください。

箪笥でも
衣装ケースでも
引き出しに
立てて仕舞えば
選びやすい

102
立てて収納
色で並べる
一目ですべて「見える」のが大事
収納する場所に合わせてたたむor
収納するものに合わせた場所に！
「色」で並べれば ごちゃごちゃ考えずに 済みます！！
目に入らなければ「無い」のと同じニャ
吊るしてもOK!!
ブックエンド等で仕切りを入れても
色別は直感的でわかりやすいのニャ
色でグラデにする
名古屋帯 袷用
*ラベルをつけると探す時間が短くなる!!

わかりやすく取り出しやすい 立てて、色別収納

洋服もですが、帯や帯揚げなどは収納場所に合わせて立てて収納。そして色別に並べて一覧できるようにしておくとよいと、さかもと先生からのアドバイス。引き出し収納の場合は、引き出しに立てておけるサイズにたたんで、仕切りを入れてすべてがパッと見渡せるようにしました。

見えないものは、無いのと同じこと。確かに、見えないと忘れちゃうし（年をとると特に）、目に入れば使おうかなと思いますよね。目に入れば使う使わないの判断もつきやすいし、新しいものが入ってきたら、不要なものも処分しやすい。

帯、帯揚げは素材別に、などと思っていましたが「袷・夏」だけ分けてあとは色別に並べたら綺麗だし、わかりやすいし、断然選びやすくなりました。死蔵品を作らない！が合言葉です。

引き出しの中身が綺麗に見渡せると嬉しくなります

103

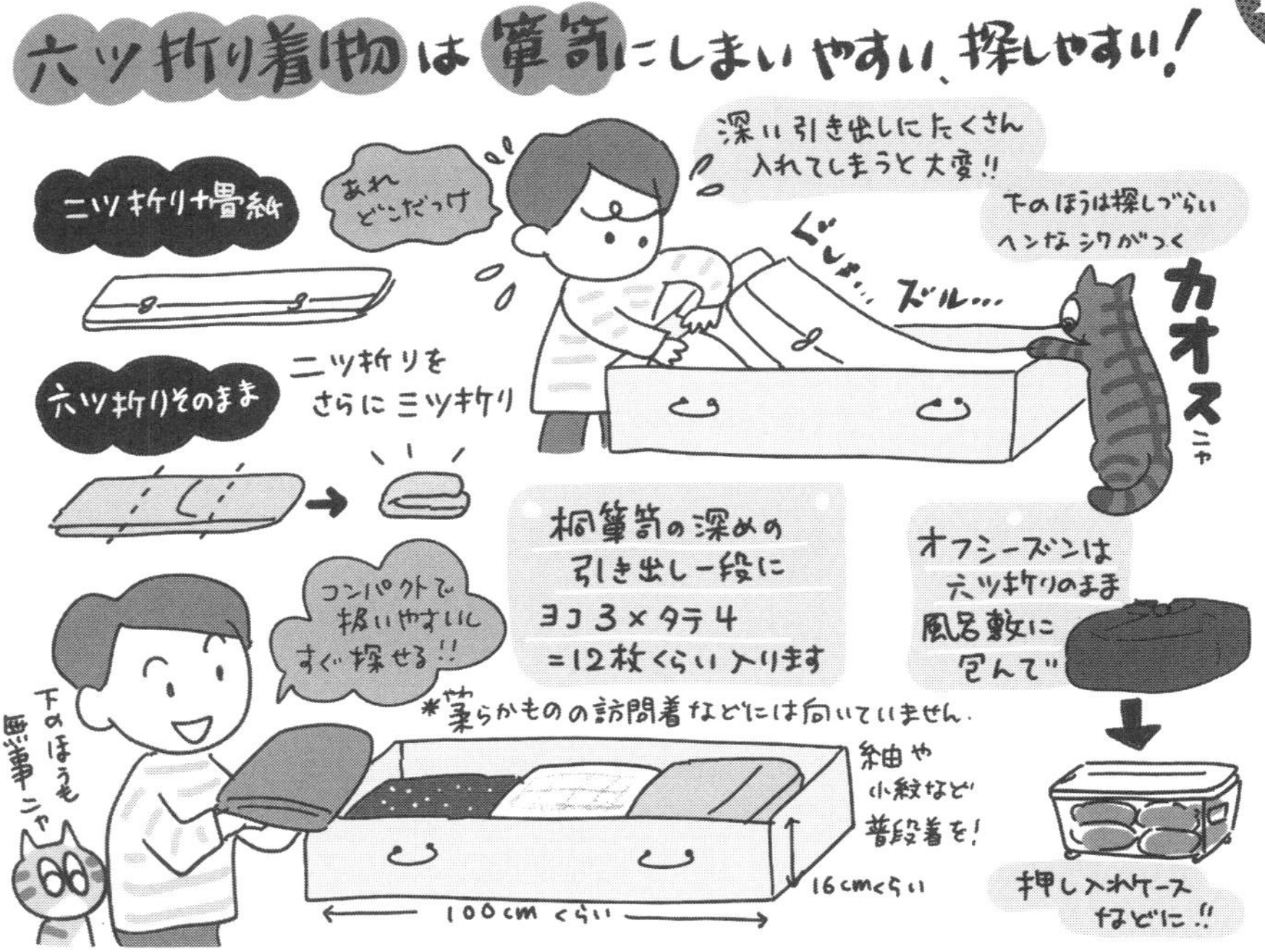
六ツ折り着物は箪笥にしまいやすい、探しやすい!
二ツ折り+畳紙
あれ どこだっけ
深い引き出しにたくさん入れてしまうと大変!!
下のほうは探しづらい ヘンなシワがつく
ぐしゃ…
ズル…
カオス
ニャ
六ツ折りそのまま
二ツ折りを さらに三ツ折り
桐箪笥の深めの 引き出し一段に ヨコ3×タテ4 =12枚くらい入ります
オフシーズンは 六ツ折りのまま 風呂敷に 包んで
コンパクトで 扱いやすいし すぐ探せる!!
下のほうも 無事ニャ
*柔らかものの訪問着などには向いていません.
紬や 小紋など 普段着を!
16cmくらい
100cm くらい
押し入れケース などに!!

普段着物は六ツ折りが便利、風呂敷も活用

着物は畳紙に入れるし、何がどこにあるか一覧するのは難しいと思っていましたが、よく着物を着る人は古着屋さんのようにスチールラックや棚に畳紙に入れずそのまま積んで収納していたりします。普段着ならある程度ラフに扱ってもよいと考えて、私も六ツ折り（二ツ折りをさらに三ツ折りにしたもの）にして少し触ってもばらけないようにして、箪笥に入れています。

こうすると、下のほうにある着物も取り出しやすいし、探しやすいのです。

シーズンオフのものは三ツ折りの状態で風呂敷に包んで保管。そんなにたたんで大丈夫？といわれますが、意外ときついシワもつきませんし、コンパクトになるので持ち運びもしやすいです。さすがに立てて仕舞うことはできませんが、洋服感覚で収納できますよ。

普段着は
こんな感じで
箪笥の中に
入れています

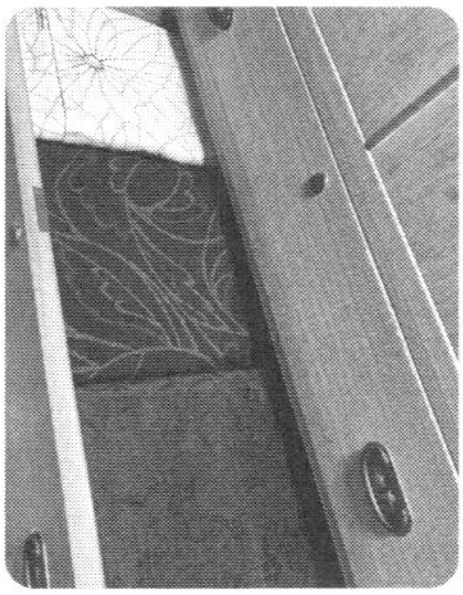

104 トラベルポーチに着付け小物を入れて使う！

これは使える！ トラベルポーチで着付け小物の整理

腰紐、着付けクリップ、伊達締め、コーリンベルト……あっちにバラバラこっちにバラバラ、あれどこ？がなくなります！

フックでひっかけて使うタイプのトラベルポーチに着付けに必要な着付け小物を全部つめこんでみました。ちょっと大きめなので、替えの足袋もひとつ入れています。出かけるときは、このままバッグinバッグとして、カバンやスーツケースにポン。ちょっとかさばりますが、忘れ物をして慌てるよりいいやと忘れ物大王の私は思うのでした。

着替えのときには、すぐに手が届く高さにぶらさげれば、しゃがんで紐を取ったりする必要がないので体もぶれず、着付けのときの着崩れも防げるという一石二鳥効果もあり。上手にまとめられる方は、もう少しコンパクトなサイズでも。

出先への持ち運びによる行方不明を減らしてくれた神アイテムです

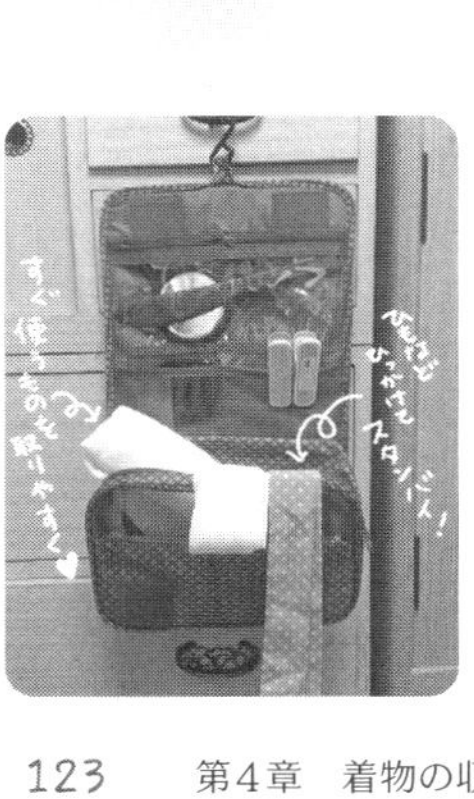

105

房も髪もくるくるドライヤーでサラサラに!!
＊温風タイプで！
コテはおすすめしません。
熱
シュシュシュ
もうヤカンの湯気いらず！
私なんて…
どうせ
ボサボサになった帯締めの房姫
この私、くるくるドライヤーにお任せあれ!!
ギャーーーッ
房姫を救うドライヤー王子！
ブオー
えっこれが私!?
ツヤサラ
扇子の房や風鎮、幕房などにも！
長〜い撚《よ》り房《ふさ》もOK！
絹も動物性 髪と同じね！
スゴイニャ！
カンタン！

帯締めの房のヨレは くるくるドライヤーで一発解決！

房のお手入れは、やかんや電気ポットの湯気をあてて、ほかほかになったところを柘植《つげ》の櫛でといて、房の先の乱れをはさみで整えるというのをずっとやってきましたが、ついに究極のワザを編み出したのです！ それは！「くるくるドライヤーでとかしながら熱をあてる」です。

えっ、それで直るの？ とおっしゃるあなた、一度やってみてください。そっと房をブラシでなでるだけ。何度か繰り返すと、ツヤもよみがえります！ 切り房はもちろんなのですが、撚《よ》り房にも効果てきめん。花嫁さんの懐剣の房など素麺みたいにまっすぐになります！

房も、絹糸ですものね。髪の毛と同じように、熱風をあててとかしてあげれば、くせも直ります。房のヨレ直しが面白くなっちゃいます！

房という房を
かたっぱしから
まっすぐに
整えたく
なってしまう！

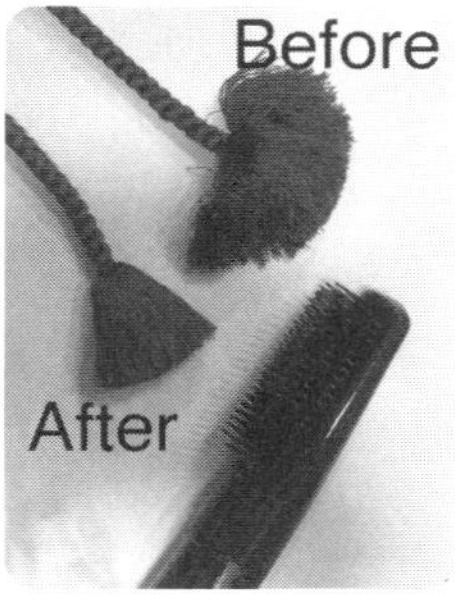
Before
After

106 帯締めは 掛けやすい 取りやすい 房がヨレない 吊るす収納！

私の収納遍歴は
まとめる期
1
100均の書類ケースに
房がバラけない結び方で
2
箪笥の引き出しに
3
レターケース
房カバー時代
キレイだけど仕舞うのが面倒にャ
吊るす期
箪笥のネクタイハンガー
4
スカーフハンガー
スラックスハンガーにかけまくり
5
DIYで壁にポールを取りつける
大容量
電動ドリル
増やしすぎ…
移動可能なラダーハンガーに！
普段・夏・冠組など種類別・色別に
立てかけるタイプ。
6
日焼けしないようにカバーをかける
布カバー
今ココ！
一目でどこに何があるかわかってヨシ！
ハイ
もう少し減らそうニャ…

帯締め収納は「吊るす」と便利

なんとか楽に仕舞いたい、選びたい帯締め。私も引き出し、文具ケース、箪笥の扉の裏のネクタイかけなどいろいろと試してきました。引き出しに収納すると房がぐしゃっとなるのが悩み。いちいち結んだり、房カバーをつけたりするのも面倒で、とうとう壁に吊るすだけでいいように、壁に帯締め掛けの棒をDIYで取り付けたことも。

そのときは長い棒にたくさん掛けられたのでついつい無限増殖してしまい、反省して本数を減らすことにしました。そして辿り着いたのが、壁にたてかけて使うラダーハンガーです。これだと移動もしやすいし、種類別に段を変えるとわかりやすい。上から日焼け防止の布をかけて、使うときだけ外します。選びやすく戻しやすく、房もヨレない。今のところ、満足している収納方法です。

山崎実業のラダーハンガーに礼装用・普段用・夏用・三分紐等分けて収納

107

着物の陰干しに使える! 洋服用ハンガー

バスタオルハンガー
スラックスハンガー
紐・伊達締め
帯枕・帯板
帯揚げ・帯締め
&
帯がぜーんぶ吊るせる!
汗も乾くし シワも伸びます
着物を脱いだ後の湿気をとる陰干しは着た時間分を目安にするといいです!
着物ハンガーに!
和装用と違って肩は落ちるので
礼装の重い着物には不向きです。
普段着の汗とばしには十分!!
着た後は陰干ししてからたたんで仕舞おう
小物や帯も結構しっとりしてるよネ
あんまり長いことハンガーにかけておくと袋(表地と裏地がずれる)になったり日焼けしてしまうニャ!

着物を脱いだその後どうする? バスタオル&スラックスハンガー

帰宅して着物を脱いだら、半日ほど汗をとばしてシワを伸ばすために陰干しをしますよね。着付けの小物類もかなりの汗を吸っているので、しまう前に汗をとばしておきたいものです。片付けるときも気持ちがいい!

帯と小物をまとめて干すのに重宝しているのが、縦型で何本もかけられるタイプのスラックスハンガーです。着物や長襦袢は、礼装などは着物ハンガーを使いますが、普段に着るものだったら100均のバスタオルハンガーにかけます。ちょっと袖は長さが足りなくて落ちますが、場所もあまりとらずに、さくっと干せるのでお気に入り。あとは、干しっぱなしにせず早めにたたみましょう。

脱いだ後の始末の一手間で、着物も喜んで次の登場を待ってくれるような気がします。

今は廃盤になってしまった愛用のIKEAのハンガー。丈夫です

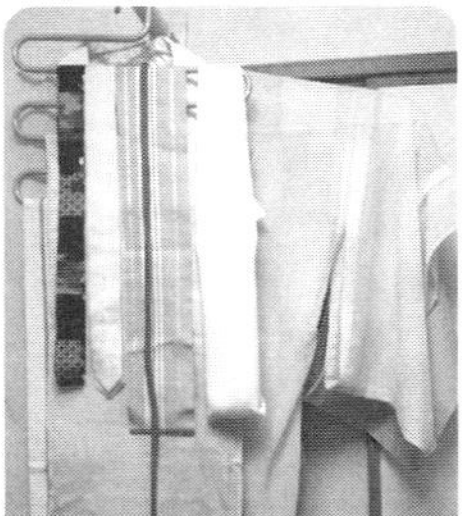

108 衝撃！巻ける帯板に日本の美意識を感じる

そして涼しい!!
べっぴん帯板シリーズの
「簾《すだれ》」ベルト付
ゴムベルト付
竹ヒゴでできている!!
繊細で美しい!!!
この計算されたカーブで脇までカバーしながら腰骨にあたらない構造!!
トランスフォーム!
軽い!
持ち運びやすい!
のり巻きはできないのニャ
かぐや姫気分…
このまま出掛けてもいいかも…
後ろがゴムだよー
くるくる
コンパクト!
わずか4cmほど!!

なにこれ天才⁉ 巻ける「簾《すだれ》」の帯板

平成5年春、衝撃が走った「べっぴん帯板『簾』」の発売。竹ヒゴの帯板は、なんとくるくる巻けて筒状で持ち運べるのです。帯板を持ち運んだことがある方なら、あのかさばり具合になんとかならんかと思われたことがあるはず。その問題がするりと解決です！

しかも、竹でできているので熱もこもらず非常に涼しいです。今までのどんな帯板より涼しく感じます。しっかりしているので、帯が凹んだりはしませんが、ボールペンを帯に挟んだら、ペンの形に帯板が沿っていて笑いました。

あと、簾が日本の美とでもいいましょうか、佇まいがとても綺麗なんです。ちょっと素敵なお値段ですが、着けるたびにちょっと雅な気分になれて、お気に入りです。

前から見ると
もう帯板だけで
出かけても
よくない？と
思う美しさ

109

着物のお着替え一式、パッキングテクニック

お稽古ごとや旅行など、出先で着物に着替えたいときってありますよね。そのパッキングで大活躍するのが、風呂敷です。

畳紙は使わず、外側から着物、帯、襦袢という順に重ねてたたんで、中心に帯枕や帯締め、帯揚げなどを入れてクッションにするとたたみジワが防げます。

肌襦袢、裾よけ、ステテコ、タオルなどの下着系一式に足袋も忘れずに！これらは薄いレーヨンの風呂敷に包むとかさばりません。

まとめて包むのに使う風呂敷は崩れにくくて安心感がある綿を愛用しています。いずれも空気を抜いてピッタリ包むのがポイント。中でヨレてシワができるのを防げます。小物類はトラベルポーチにまとめて。専門の着物バッグじゃなくても持ち運びが楽にできます。

忘れ物には
要注意！
足袋は常習犯。
一度襦袢を忘れて
気絶しました

110

衿芯は丸めてカンへ!!
長くて折れたりしまいづらい衿芯…
くるくるっ
直径8cm前後がgood!
持ち歩きはきものクリップで留めたりゴムで巻くのもヨシ!!
シンデレラフィット
ちょっと出てるほうが取り出しやすい!
TAKARAZUKA REVUE
お菓子のカンを愛用中!
折れない
ヨレない
汚れない!
ペットボトル㊅や
綿棒ケース
ガムテープの芯も
いろいろ使えるニャ!!

衿芯の収納、空きカンを使うと便利でした

皆様、衿芯の収納はどうされていますか？ ついつい引き出しの中に放り込んでしまい、折れたりペコペコさせてしまったり……。

衿芯は丸めておくと、折れずに綺麗に収納しておけます。着物友達に「丸いカンに入れるといい」と聞いて試してみましたよー！ おおー！ これはスッキリでステキ。すっぽり入ってしまうと取り出しにくかったりするので、ちょっと浅めのカンが便利。大体直径8センチ前後のものが扱いが楽です。あまり太くてもジャマですし、細くてもプラ芯だとクセがきつくつきすぎてしまいます。使い終わったガムテープの芯とか、ペットボトルや綿棒入れを輪切りにしたりしてもよいかも。

これでベコベコの衿芯にはおさらば！ 引き出しの中もスッキリ！ です

愛用の宝塚ゴーフルのカン。高さもドンピシャです

111

天気のよい秋の日に
夏のアイテムを手入れして片付ける!!
入れてた冬物と入れ替えます!!
お手入れに出す
コンパクトにして
着物は二ツ折りをさらに三ツ折りに
浴衣や普段着
＊礼装類は箪笥に
風呂敷に包む
押し入れケース
帯締めは吊るす収納で
小物類や帯揚げは洗ったりアイロンかけたり…
スッキリサッパリ！ニャ
風呂敷でまとめる
シミや汚れのチェックもしよう!!
箪笥にしまいやすい大きさにたたんでおく
ゴロゴロ
雨かぁ～あとでやるか～
早くやるニャ！
実際のワタシ

衣替えは天気のよい日に一気に片付けよう

9月中旬になればまだ暑い日があっても絽や麻の帯揚げはもうおしまい。縮緬《ちりめん》を使いたくなるまで、綸子などのすっきりとした帯揚げで過ごします。インナーや着物は気温に合わせてまだまだ夏仕様ですが、小物から季節先取りのおしゃれを楽しみましょう。逆に夏に向かう5月後半からは小物に夏物を取り入れて、先取りを楽しみます。

浴衣や絽、紗など完全な夏の着物は、普段のものはたたんで風呂敷に包んで、押し入れケースに入れてしまいます。帯揚げも、夏のものは全部集めて、また使う季節まで箪笥の引き出しの大きさにたたんで風呂敷に包んでおき、入れ替えの季節にそのままズボッと冬物と入れ替えます。

これ結構快感。布は湿気を含みやすいので、衣替えは湿度の低い天気のよい日にするのがおすすめです。

ちょっと目を離したら箪笥に猫が。そのまましまっちゃうよ～？

112

着付け、片付けに
出先でも！
衣装敷の表はどっち！？
三角のポケットがあるほうです！！
このポケットにゴミや糸くずを入れる
80〜100cm
150〜200cm
だいたい1畳分＝着替えにちょうどよいスペースです
＊風呂敷やキレイなシーツでも代用可
この中は
私の心の聖域《サンクチュアリ》
猫も立ち入り禁止なのニャ
畳のささくれ
床の汚れ
ペットの毛などから
着物を守ります
バッ
バッ
くたびれてきたら買い替えを！
三角じゃなくて模様で表がわかるタイプもあり

着物の汚れ防止！
衣装敷《いしょうじき》の表はどっち？

衣装敷は、だいたい畳1畳弱くらいのサイズで着物を着るときに足元に敷く、和紙などでできた敷物。床の細かなゴミなどを着物につけないために使います。衣装敷に三角のポケットがついているものは、ポケットのあるほうが表面になります。

ポケットがなくても汚れ防止が主目的ですから、きれいな面が常に表になるように模様などで表裏がわかるようになっています。出先で着替える必要があるときなど、これが1枚あると安心。

衣装敷を敷いているスペースの中で、準備をして着付けを完結するのは始末がよく美しい所作ですよね。私は猫を飼っているので、着物をたたんだり広げたりするときにも使います。風呂敷などで代用もできますが、やはりパリッとした衣装敷を敷くと気持ちがいいものです。

くたびれてきたら
買い替えのサイン。
最近は不織布や
ビニール製も
増えてます

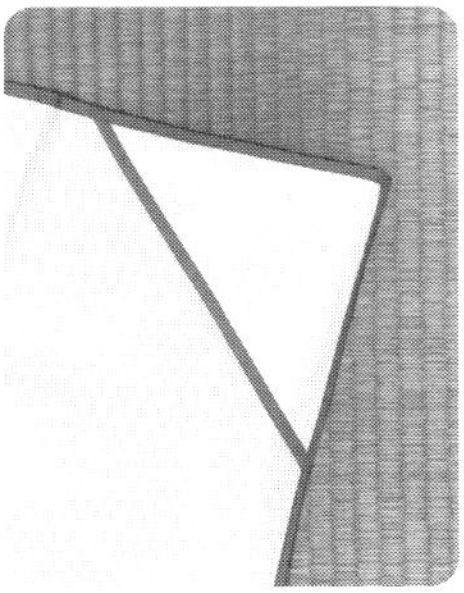

113

ひっかけ、糸の飛び出しにはコレ!!
あっ! ココほつれてる!
ピョコ
糸の飛び出し切ると穴が開きそう…
そんな時はこれ!
補修針!
ザラザラ
先は丸い
細かいやすり状になっている
ココに刺す!
ほつれの根元(表側)に針を入れて裏側に引き抜くだけ! ほつれた糸が裏に移動して表がキレイに!!
何もない
針を引き抜くだけ!!
もっと早く知りたかった!!
スゴイ
カバンや洋服もOK!
猫爪被害者の会
チャラララララ
マジックニャン!!
あら便利~!

糸の飛び出し、ひっかけ直しに補修針!

帯などでぴょんと飛び出した糸やループを見つけたら、ほつれ直しの補修針を試してみてください。使い方は簡単で、ほつれやひっかけで糸が出ている根元の部分に、針を差し込みます。針の細い先端は、ボールポイントといって丸くなっているので生地を傷めない仕組み。針の太いほうが細かいヤスリのようになっていて、そこにほつれた糸がひっかかり、針を裏側に引き抜くと、一緒に裏側に抜けるんです。

ほつれが裏に移動して表地はなにもなかったかのように！ 糸も切ったりしないので、ほつれが広がったり穴が開いたりする心配もありません。すごいぜ補修針！

繊維は選ばないので、猫にひっかかれてループ状に糸が飛び出した布地のバッグとか、洋服とか、これでかなり蘇った神アイテムです。

愛用のみすや針の「ほつれのん」ほつれた糸が消えます!

114

普段着に！ 裾・袖のスレ防止にガロンレース！
ガロンレース（ガロンテープ）
似た色が目立たなくてヨイ
八掛
袖口につけることも!!
3cm幅くらいの化繊のリボンレース。裾・袖口の汚れやすり切れ防止に縫いつけて使います
1.5〜2cmくらいの間隔で表地に響かないようにすくって縫い留めていく
多少バサバサ動いても
大丈夫!!
チラッ!
表から見るとちょっとだけ見えるように
表地
八掛
ガロンレース
リボンやレース等代用もOKです!!
ひたすら長い距離を縫い続ける!!
チクチクマシン ガロンレースと呼んでるニャ

おうち着物、ガロンレースで裾の補強をしよう

ガロンレース（ガロンテープ）とは、普段着の裾や袖口などにつける補強テープ。古着でちょっと可愛いレースが裾に縫いつけられているのを見たことがある方も多いのでは。

紬などは生地が硬いため、仕事のときや普段にがんがん着ているとすぐに八掛《はっかけ》がスレて穴が開いたり、切れたりしてしまいます。それを防止するために、あらかじめ縫いつけておくのです。

縫いつけ方は簡単。表生地に針目が出ないよう、八掛の生地だけすくって、レースの上と下をざくざく縫い留めていくだけ。ただ、ちくちくするだけなのですが……裾を往復するのでとにかく縫う距離が長いのがかなり大変（笑）。

汚れ防止、擦り切れ防止なので、八掛のふきより気持ち表に出るようにするのがポイントです。

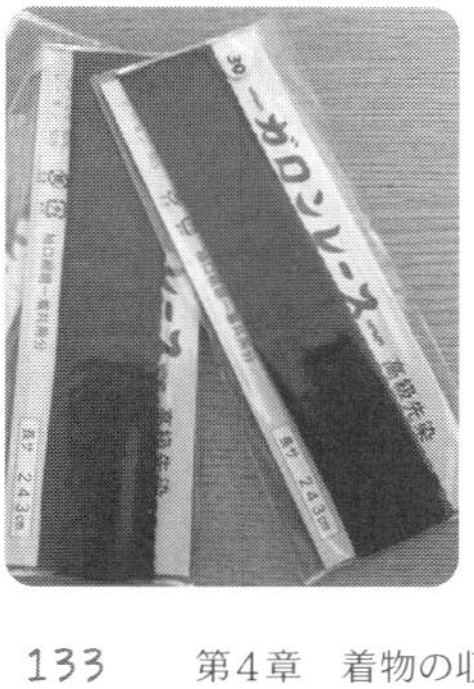
ガロンレース

レトロなロゴが可愛い。八掛の色と合わせると目立ちません

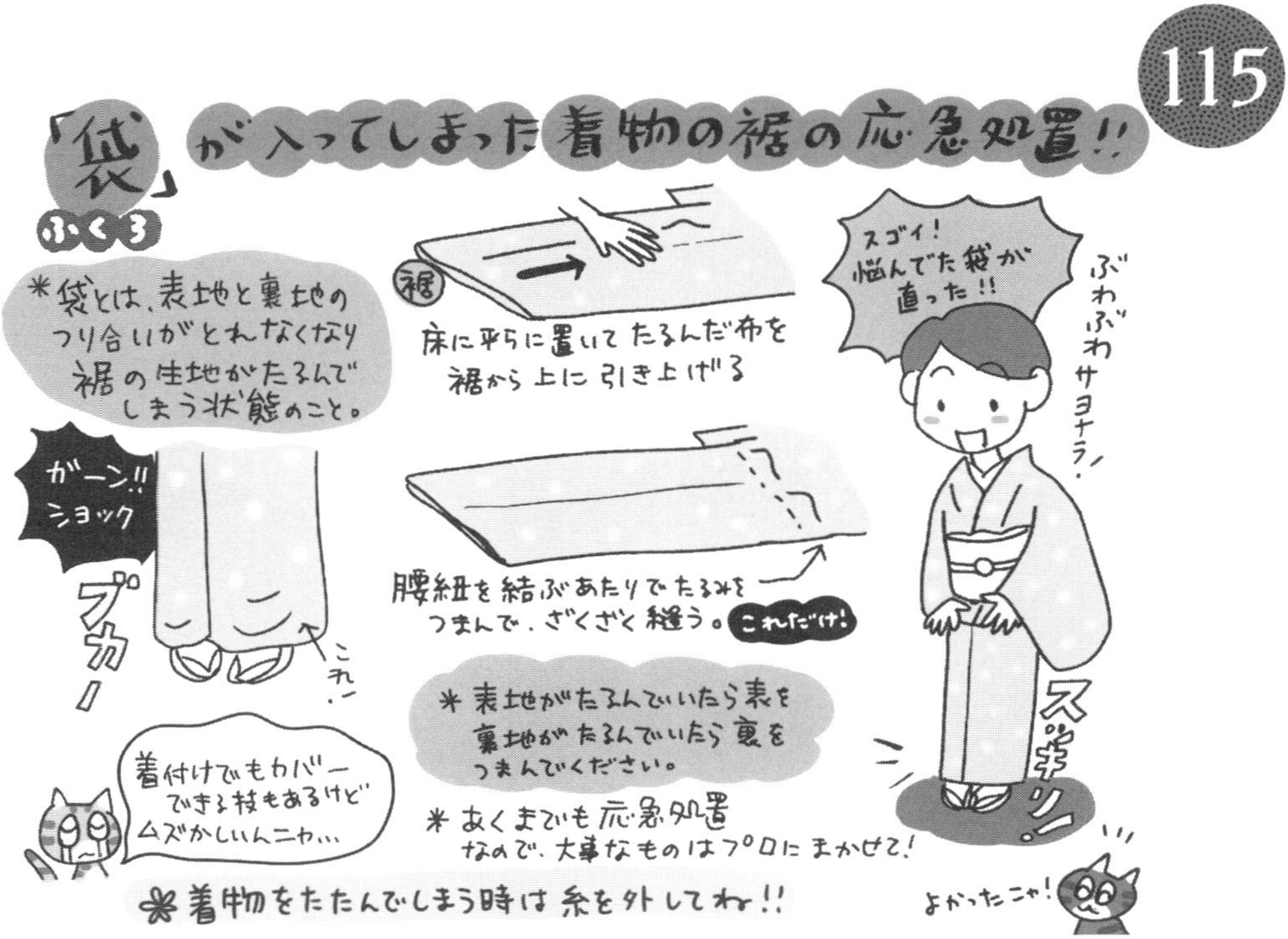
115
「袋」ふくろ が入ってしまった着物の裾の応急処置!!
＊袋とは、表地と裏地のつり合いがとれなくなり裾の生地がたるんでしまう状態のこと。
ガーン!! ショック
ブカー
これ
裾
床に平らに置いてたるんだ布を裾から上に引き上げる
腰紐を結ぶあたりでたるみをつまんで、ざくざく縫う。これだけ!
＊表地がたるんでいたら表を裏地がたるんでいたら裏をつまんでください。
＊あくまでも応急処置なので、大事なものはプロにまかせて!
着付けでもカバーできる技もあるけどムズかしいんニャ…
スゴイ! 悩んでた袋が直った!!
ぶわぶわサヨナラ!
スッキリ!
よかったニャ!
✿着物をたたんでしまう時は糸を外してね!!

袋が入った着物の裾を直す方法 応急処置編

着物の裾が袋になったとか袋が入ったとかいうのは、表地と裏地のつり合いがとれず、どちらかがたるんでしまうこと。せっかくの着物、裾がぶわぶわだと、がっかりしてしまいますよね。

表地の緩みは、腰紐を締めたときに表地だけを上に引き上げて緩みをとってしまえば気にならなくなりますが、結構これが難しい。じゃあ緩んだ分を引き上げてつまんで縫ってしまえばいいのでは？と思いつきました。早速表地のほうが袋になってしまっていた着物を床に平らにして置いて、緩みを上になで上げて、そこで浮いた表地をつまんでざくざくと縫って留めました。これだけ！

縫う場所は、だいたい腰紐が通るあたり、着れば見えない部分になります。ご自分で針目を通してもいいものがあったら試してみてください。

生地に重みのある
柔らかものが
袋になりがち。
こんなぶわぶわも
さよならです！

116

スマホで持っている着物がいつでも見られる!!
photos
① Googleフォトや Amazon photosなど 写真整理アプリを スマホにインストールする
② 訪問着 紬 小紋 夏 袷 単衣 etc.
着物のキーワードカードを用意する
↖名刺大くらい
③ なるべく自然光で カードと一緒に 写真を撮る
紬 袷
衣装敷や白いシーツ
④ アルバムを作れば…
わにこ着物
持っている着物や帯が 一目瞭然!!
カードに書いたキーワードで 検索もできるよ!! お買い物やコーディネート 相談にも便利です!!
あの時の着物はどう?
あれは?
この着物と帯どうかなー
ネット環境は必要ニャン
もしかすると一番頼りになる!? 着物友達の記憶(笑)

スマホアルバムで着物の写真を管理する

この頃ほんと記憶に自信がなくて、箪笥の中身も「こんなのあったっけ?」なんて思うことも。一度中身を全部出して、写真に撮ってスマホアルバムに入れてしまうと記憶の外部装置ができて、とても便利です。

そのアルバムを見れば、自分の持っている着物が一目瞭然。

その着物のキーワードカード（訪問着、色無地、小紋、袷、単衣、夏物など）を作って着物と一緒に撮っておけば、迷わないしアルバムアプリのキーワード検索も使えます。

着物友達にコーディネート相談をしたり、買い物のときには持っているものの確認もできたりします。

写真に残せば処分しても思い出に残りますね。持っている枚数も把握できるので、適正な持ち物管理にも役立てよう、自分!（自戒）

着物整理のお手伝いをするときにも使うキーワードカード。自分の分類でOK

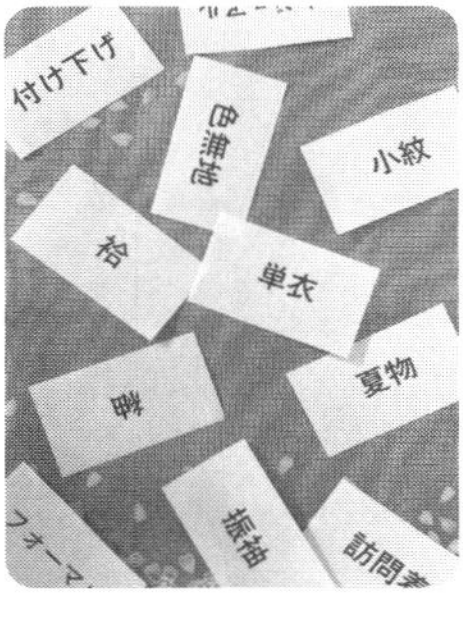

付け下げ
色無地
小紋
袷
単衣
夏物
紬
振袖

コラム 5

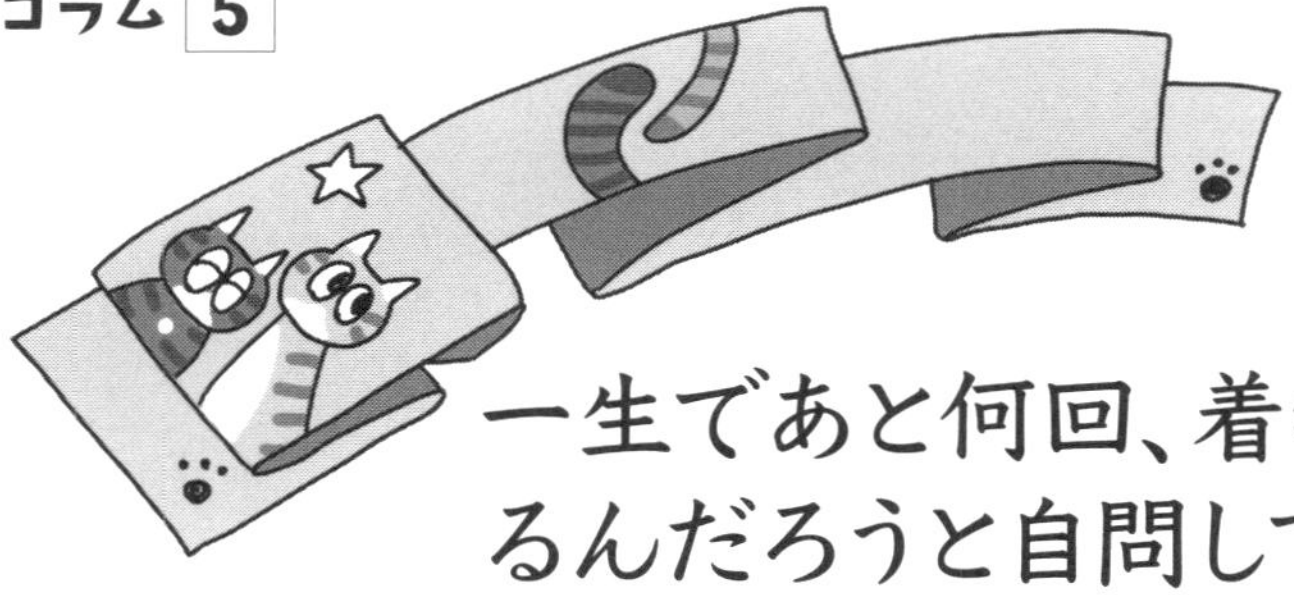

一生であと何回、着物を着られるんだろうと自問してみる

着物にはまった40代の頃は着物が欲しくて欲しくて、とにかくなんでもたくさん買ったりいただいたりしているうちに収納破綻を起こした私。プロの手を借りてなんとか立ち直ったものの、やっぱり時間が経つとじわじわリバウンド。あわてて断捨離して元に戻すの繰り返しです。

でももう人生も後半戦。「いつか着る機会」が必ずやってくるとも限らないなとしみじみ思うことが増えました。着物はアルバムのようなもので、いつも着ないからこそ手にとれば「これは観劇のときに着た、暑かったけど楽しかった」なんてことが蘇ります。

先日の断捨離で、着やすいけれどそれを着ていたとき、着物の模様についてちょっと嫌なことを言われたものを思い切って手放しました。その着物を手にとるたびにその言葉が頭に浮かび、悲しい気持ちになっていたので、その悲しい気持ちごと、処分！ いやあ〜本当にスッキリしました！ マイナスな思い出があるものは、もっと楽しい思い出で上書きするのもありですが、手放すことも大事なのかも。

だいたい着物は生活必需品じゃないわけですから、これからの人生は本当に大好きな着物とだけ、お付き合いしたいなと思っています。

第5章

着ない着物はどうするの

117

捨てられない＝もったいない だったら
手放し候補！
捨てるには惜しい…でも…
着物だけ捨てられない病
自分が着たり活用したりするものは残して！それ以外は….
自分の気持ちと向き合って心が痛まない、納得できる処分を考えよう!!
売る
譲る
寄付
リメイク
捨てる
etc…
自分が必要なもの活かせるものだけでいいニャン
自分がいらないものは他の人もいらないかもニャンよ!?

着物が捨てられない！と思ったら

着物って捨てにくいものの代表ですよね。洋服は落ちないシミがついちゃった、擦り切れた、着古した、似合わなかった、サイズが変わったなどがあれば、処分することができます。でも、着物は思い切れないのです。とはいえ着物も衣類。ポイントは「もったいない」ということが理由なら、手放し候補だということ。

「大好き！」「着たい！」というのは手元に置いておく候補。私も人生後半戦。いつまでも増やせるわけではないし、欲しい着物もあるし（笑）、着物も新陳代謝を図っていかねばな～と考えています。手元に残すものは大事にする。手放すものは、売る、譲る、寄付、リメイク、捨てる。どれでもいいのです。自分が一番納得できる方法、心の負担にならない方法を選んでください。

手元に残した
着物は
活かしきる！
手放した着物は
忘れてもいい！

118 一見大丈夫でも…古い草履はマジ危ない!

まさに崩壊という言葉がピッタリ。想像もつかない壊れ方をします(マジで)
ぐしゃあ…
ふくらんでつぶれてボロボロと崩れていく加水分解怖い…
白いカス?
キレイに見えても古いものは劣化の危険があります!!
歩き回る日、大切な日に古い草履はやめておきましょう!!
写真に残して…
出先ではがれたところを髪ゴムで押さえて何とかした人も…
ぺろーん
接着部分がはがれてしまう名物草履の三枚おろしのできあがり…
あげない 売らない!! もらわない 買わない!

古い草履に気をつけろ！

着物や帯だけじゃなく、昔の着付け小物や肌着、履物類も捨てられないことも。でも、長年の経験から「草履だけは新しいものを買って」と言いたいです。古い草履は本当に危険だからです。

ウレタン草履は、加水分解といって経年劣化でぼろぼろと崩壊することがありますし、合皮はポロポロと剥がれてしまうことも。革の草履でも、接着部分が剥がれてしまったり。普通の靴やスニーカーでもみられる現象です。私も古いウレタン草履の台が潰れたり、草履の底がベロンと剥がれたという経験があります。

見た目は綺麗でも古い草履は、履くのはやめとこ、人に譲ったり売ったりするのもやめとこ、素敵なものだったら写真を撮って思い出に残しとこ、ということをお伝えしたいです。

保存状態にもよりますが危険信号目安はウレタン5年本革15年

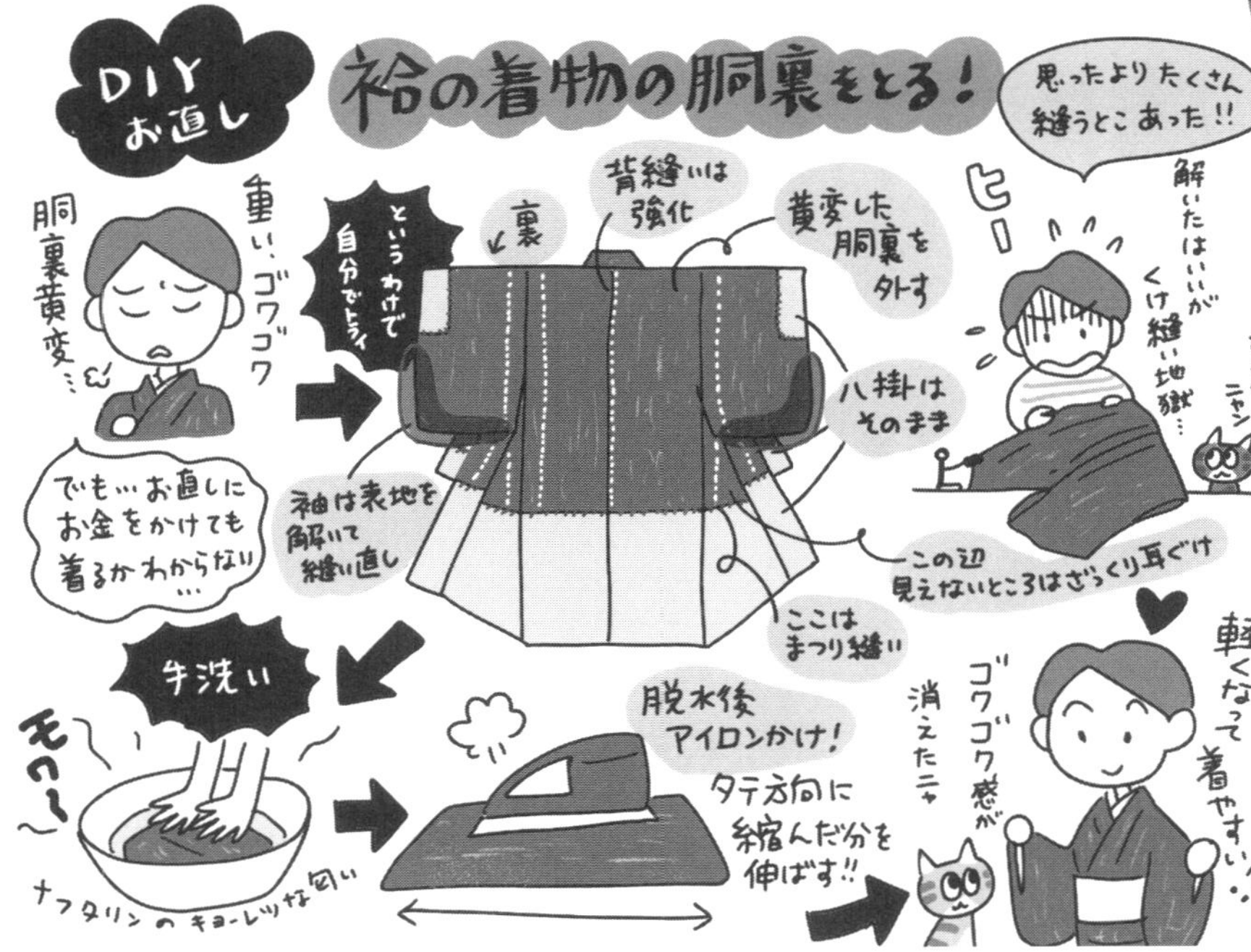
DIY
お直し
袷の着物の胴裏をとる！
思ったよりたくさん縫うとこあった!!
胴裏黄変…
重い、ゴワゴワ
というわけで自分でトライ
裏
背縫いは強化
黄変した胴裏を外す
ヒー
解いたはいいがくけ縫い地獄…
ガンバレニャン
八掛はそのまま
でも…お直しにお金をかけても着るかわからないし…
袖は表地を解いて縫い直し
この辺見えないところはざっくり耳ぐけ
ここはまつり縫い
手洗い
モワ〜
ナフタリンのキョーレツな匂い
脱水後アイロンかけ！
タテ方向に縮んだ分を伸ばす!!
ゴワゴワ感が消えたニャ
軽くなって着やすい!!

自分で袷の着物を胴抜《どうぬ》きにしてみた！

リサイクルで買った多分紬の紺の着物、安かったのですが重くて着ると疲れちゃう。お金をかけて直すほどではないし、どうせ処分するならと、思い切って胴裏《どううら》を外してみました。

胴裏を外すだけといっても、結構縫うところが多い。①胴裏と切り離した八掛を着物本体に縫い付ける。②衿を内側だけ外して、胴裏を外して衿を再度縫い付ける。③袖は底を解かないと裏地が外せないので、そこも再度縫う。④背縫いや、各所縫《ぬ》い代《しろ》のところをくけ縫いする。

①〜③はともかく、④がエンドレス!! かなりざくざくとではありますがなんとかくけ終えて、手洗いしてアイロンで伸ばしてみたら、すごくさっぱり。重さは数百グラムしか変わらないけれどとても着やすくなりました。正絹を洗うときは縮んでダメになるリスクもあるので気をつけてくださいね。

自分で
着るものなら
補修や改造に
自己責任でトライしても
楽しい!!

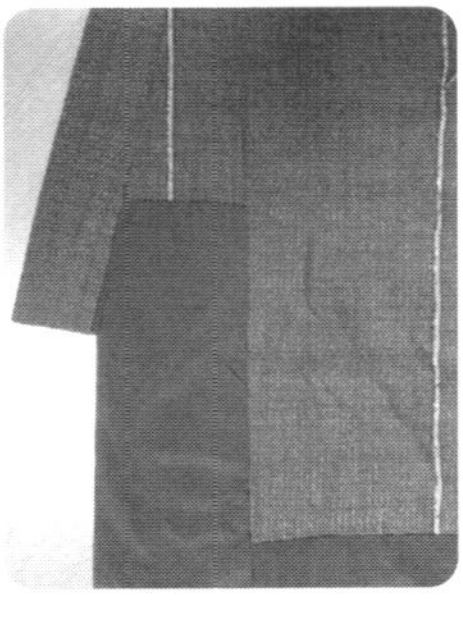

120

総絞りの帯揚げをアイロンで伸ばしてみたら….？

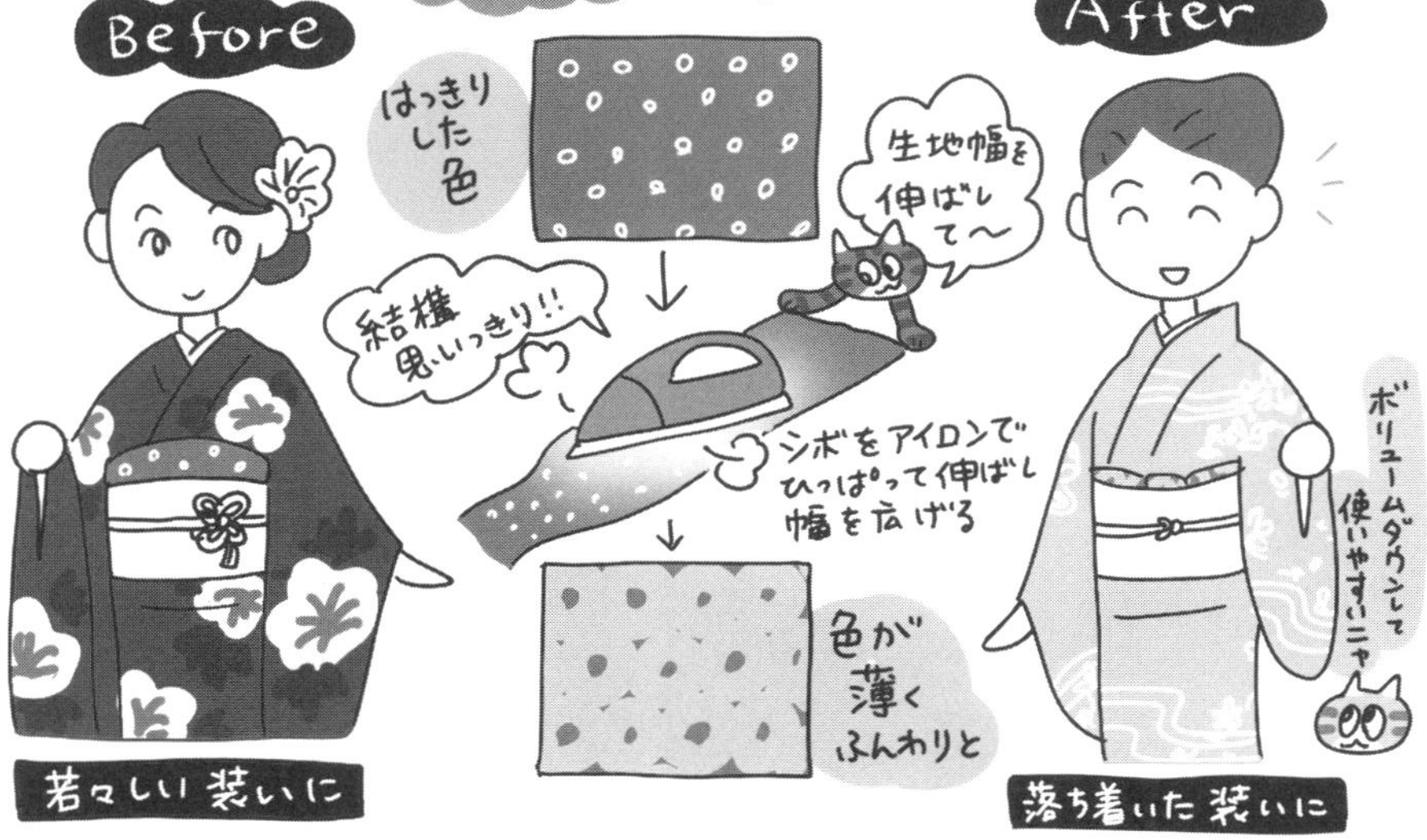
Before
はっきりした色
結構思いっきり!!
生地幅を伸ばして〜
シボをアイロンでひっぱって伸ばし幅を広げる
色が薄くふんわりと
若々しい装いに
After
ボリュームダウンして使いやすいニャ
落ち着いた装いに

総絞りの帯揚げを大人の帯揚げに

若いときには帯揚げはボリュームたっぷりに結びますが、年齢が上がってくると控えめにしますから、総絞りは似合わなくなってきます。もう使わない（使えない）なあ、と箪笥の肥やしになっているものをお持ちの方もいるのでは。

色など気に入ったものであれば、アイロンで伸ばして自分で使うというのもおすすめです。スチームアイロンをしっかりと生地をひっぱりながらかけると、絞りの山が平らになります。まっ平らにはなりませんが、これだけでちょっとふんわりした使いやすい帯揚げの出来上がりです。絞りを伸ばすと、糸をくくって染まっていない白い部分がよく見えるようになるので、絞ってある状態より少し色が薄く見えます。ちょっとドレッシーな装いのときに。

何年か前に
アイロンで伸ばした
帯揚げの絞りが
元に戻ってた！
絞りってすごい！

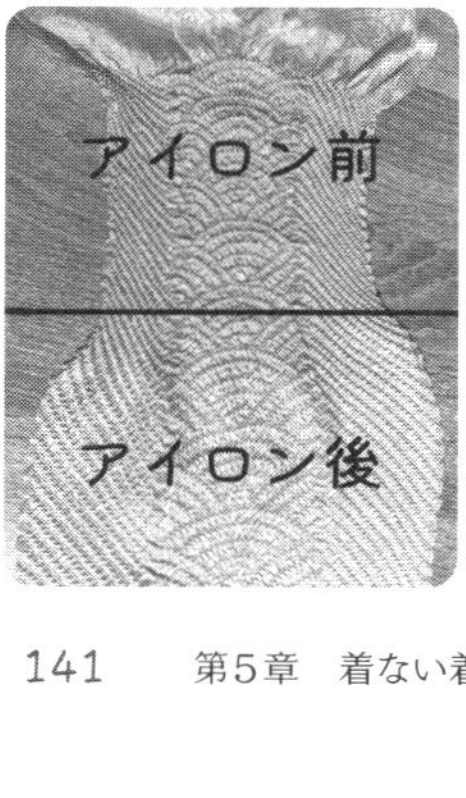
アイロン前
アイロン後

リバーシブルの三部式作り帯 作ってみた!!

121

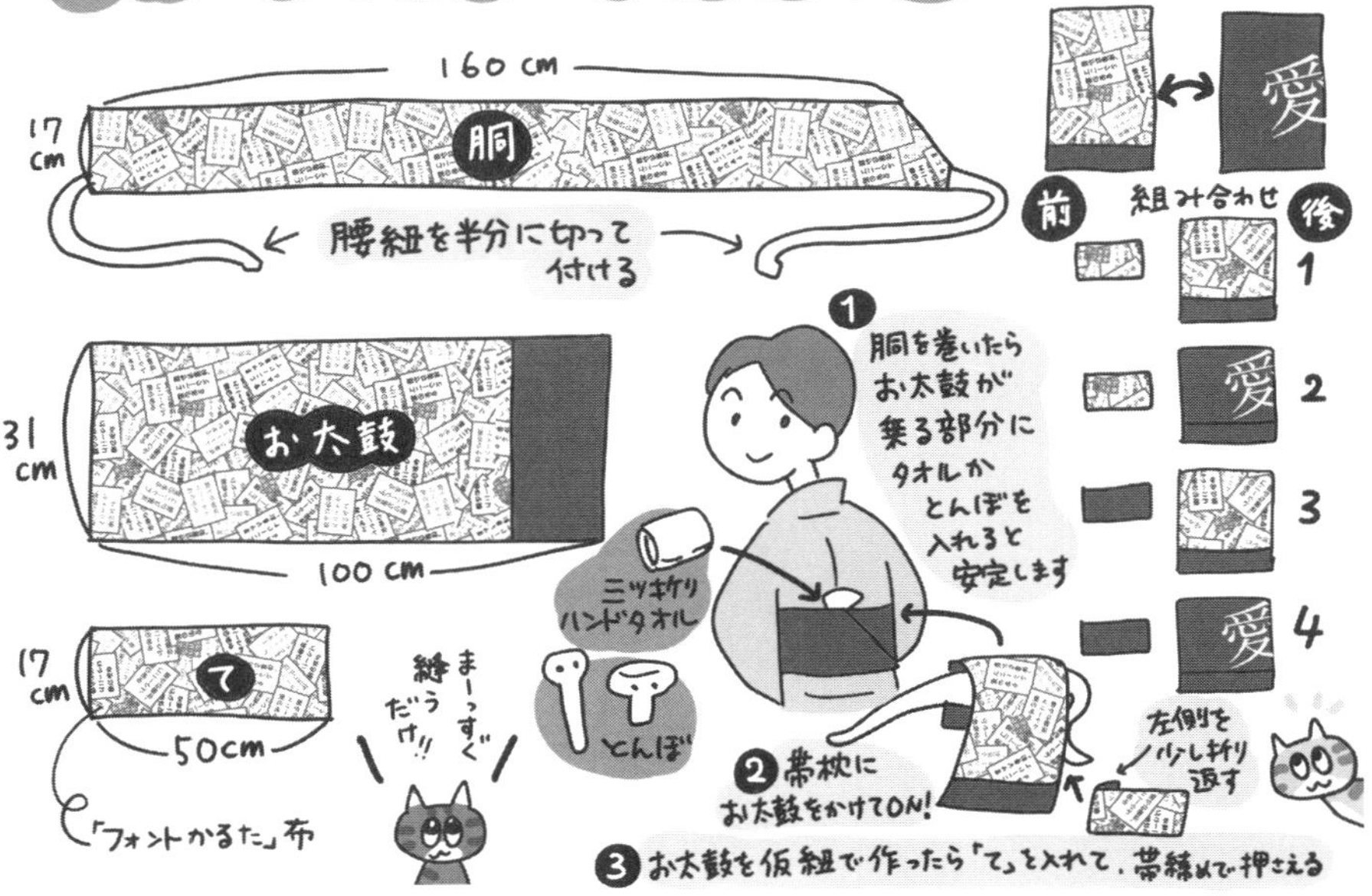

楽しみ方は4通り リバーシブル三部式作り帯の作り方

友人たちと作っている『フォントかるた』グッズ制作で、かるた模様の布を作ったら面白くない？という話になり、とうとうオリジナルプリントで一反（50メートル！）の生地を作ってしまった私たち。これは帯にしたくなる！

まっすぐ縫えばいい三部式で、どうせなら裏表のリバーシブルで使えるようにと考えてみました。友人が急ぎ着用したいパーティがある！とのことで、頑張って縫い縫い。プリント布が結構ぎっしり模様なので、裏面とたれは無地にして布描きペンで字を書いてみました。フォントは游明朝（笑）。芯を貼って厚みを出しました。

どうにも結びにくい短い帯とか柄がうまく出ないものも、思い切ってカットしてこの三部式にしてしまえば使いやすいですよ。

オリジナル帯は「それはなんですか?」と声もかけられて話題も広がる！

122 帯を因《ちな》み柄《がら》にして楽しもう!!

因み柄とは
季節・場所・会う人などに因んだ柄や小物などでコーデすること。
自己満足でも楽しいからイイのニャ！
着物の醍醐味ニャ
無地の作り帯のお太鼓部分に布を貼った!!
ココ
推しのTシャツをかぶせる人もいるよ!!
半衿付け用の両面テープが固定に便利
使ったあとはすぐはがしてネ
前はナナメに一部だけ
たれを無地にして型染め帯風に
全体に貼るのは難しいからポイント使いが気軽ニャ
ココ

布を挟む、貼り付けるだけで帯が因《ちな》み柄《がら》に変身！

帯を作るまではいかなくても、好きな柄のものにしたいときは、見えるところにだけ布を挟んだり貼り付けたりするだけでもOK。推しTシャツをお太鼓に巻く強者も。

帯に布を固定するのはそのときだけなら半衿付け用の両面テープが便利です。しっかり固定してしまうならアイロン接着テープで。これで自分の好きな柄の帯が完成です！

「因み柄」とは季節、場所、会う人などに因んだ柄を身につける、着物のおしゃれ。江戸時代も贔屓の役者を見に行くのに、役者さんや演目に因んだ柄の着物や帯を身につけていたそう。現代で推しのライブに行くのと変わりませんね。

クリスマスやお正月など季節に合わせた帯も、この方式なら簡単にできますよ。

『フォントかるた』の因み帯。本当に布を挟んだだけ

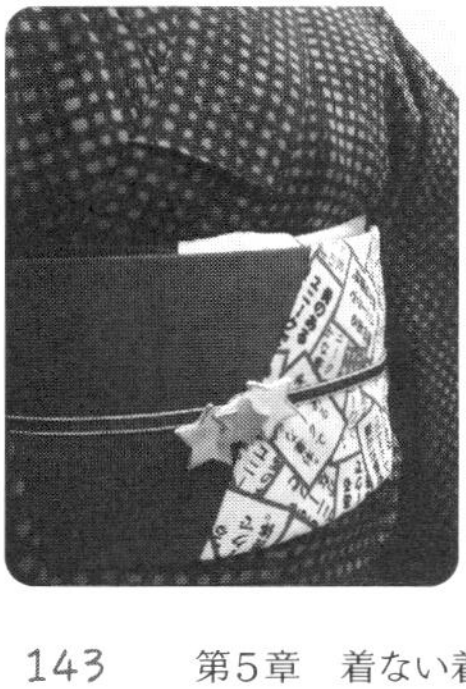

123

育てるトコから!? 生藍《あい》染めは空の色

友人のご両親の畑から分けていただいたり
猫の額菜園
自分でも細々と育てたり
そして枯らしたり
藍
1 ミキサーでつぶす
ゴリゴリゴリ
2 汁を絞る。
キッチンの水切りネットを使うとカンタン!
正絹の布
3 10～15分ゆすりながら酸化させる
4 水洗いするとキレイなブルーに!!
虫喰いの穴は青くなる!!
緑→青の色の変化がキレイにゃ
乾くと空の色に!
夏の帯揚げにピッタリの色ニャ!

ジャパニーズブルー
青空を映す生藍染め

「生藍染め」はその名の通り、藍の生の葉っぱで染めたもの。通常の藍染めより透明度が高く、まるで美しい空の色のようです。友人と種から育てて生藍染めにチャレンジしました。

藍の鮮度が大切！ということで、朝取りの藍の葉さえあれば、染めるのはかなり簡単です。葉っぱをミキサーにかけて作った緑の染液に絹の布を浸すと、浸しているうちに青緑になり、水で洗って空気に触れさせると、鮮やかなブルーになります。この色の変化の美しいこと！

そして乾くとなんともフレッシュな空色になるのです。なんといったらいいのか、この美しい空色は生藍染め独特のもののように思います。絹の光沢とあわさって、日にかざすとため息が漏れるほどです。藍を育てて、染めてみませんか？

葉っぱ50g
水500ccくらいで
帯揚げやスカーフ
1～2枚分
染められます

124

かんたんソーイング!! 羽織をバッグに!!

羽織のお袖でサコッシュを作ってみた

箪笥の肥やしの絞りの羽織でリメイクに挑戦。お袖は、肩から外すとすでに袋物の形になっているのですよね。このままバッグにしたらいいんじゃない？　と、サコッシュにしてみました。

袖を外して、振りのほうをバッグの上にします。下の袖口を縫って留めればもうバッグの形に。裏地もついているし、なんと手間のかからないことか！　ただこのままだとちょっと幅が広いので、内側に折り込んで縫い留めて、ポケットのように使うことに。肩掛けの紐部分は、羽織の衿の部分をそのまま使いました。乳の輪っかも可愛いので、アクセントでつけてみました。

結構いっぱい入りますし、肩掛けも幅があって生地もたっぷりあってなにしろ正絹。しかも総絞り。めっちゃ肌触りもよくて、気持ちいい！　着物でも同じようにできますよ。

簡単にできて可愛い！　とお気に入りです。結構たっぷり入ります

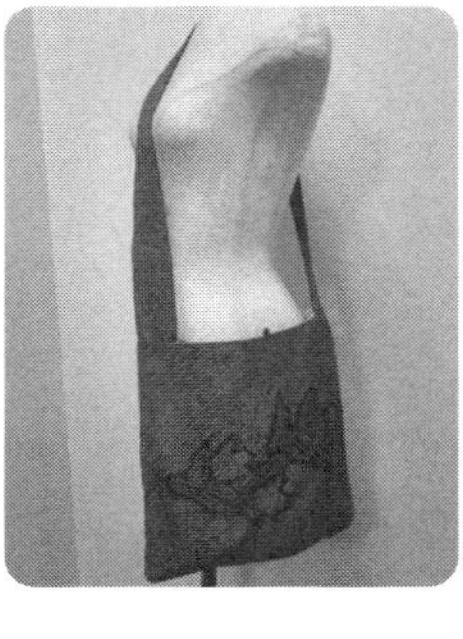

125

使わない反物
どんどん切って使っちゃえ!!
切りっぱでOK!
育てる喜び
いつか何かにしたいと思っていた浴衣地…(シミあり)
切って布巾に! 雑巾に! そしてバスタオルに!!
洗うたびだんだん柔らかく♥
すぐ乾く!
キャー
サイコー!
自主規制

浴衣地をバスタオル代わりにしたらよかった

「リメイク、着物からは面倒でも反物ならやりやすいかも?」なんて考えて、こっそり仕舞ってあったちょい難の反物などを棚の奥から出してきました。浴衣地もあったので、切っただけで縫わずに使えばいい! ということで、布巾、雑巾と切ってどんどん使うことにしました。

1メートルくらいの長さに切って、バスタオルのように使ってみたらこれがいい!! 切る! だけ! 縫わない。これが大事! 乾きがいいからです! ものぐさだからではありません(?)。

一般的な手ぬぐいの生地よりも綿の浴衣地(コーマ地)は目が詰んでおり厚地ですが、その分水分を吸ってくれる気がします。だんだんと柔らかく育ってくるのも愛おしい……。これでウキウキバスタイムがくせになりそうです。

浴衣地は手ぬぐいよりも幅広でいい感じ。綿100%がおすすめ

126 御蚕纏《おかいこぐるみ》になれちゃう！シルクの肌着リメイク！

越中《えっちゅう》ふんどし
もっこふんどし
ゴム
パンツ感覚ではける!!
蚕《かいこ》ちゃんの繭《まゆ》から作られる
動物繊維「絹」
人間の肌と同じタンパク質が
主成分で 吸湿・放湿・保温性に
すぐれた快適な肌触り！
つるすべ〜
おパンツ代わりに
はけば
ムレない 締めつけないで
とってもGOOD!
八掛や胴裏などの
やわらか裏地や襦袢地が
向いているかも——!!
ステテコや肌着にしたら
「御蚕纏*」気分!!
ナイトキャップや枕カバーもいい！
*シルクのものしか身につけないぜいたく育ちの例え

リメイクで贅沢なシルクのふんどし!?

友人が胴裏リメイクのふんどしを分けてくれました。ここ10年ほど女子ふんどし愛用者が増えているそうで、締めつけから解放されることで冷えやむくみが改善されるそう。

しかも今回作っていただいたふんどし、なんと正絹！シルクでございます奥様。光沢、肌触りも素晴らしく、熱伝導率が低いので夏涼しく冬あたたかい。通気性もよく人間の肌の成分に近い素材で、静電気がおこりにくく、お肌にとても優しい高級素材です。もったいないと仕舞っておいて使わずに終わるくらいなら、活用したい！

身につけるたびに正絹の肌触りのよさがダイレクトに感じられる肌着へのリメイクは、とってもいいかも！と思いました。まさに御蚕纏《おかいこぐるみ》の言葉そのままになれちゃいます（笑）。

縫わないで
枕カバーに
使っても！
シルクは
髪にもいいんです

片袖の形そのまま

127

寄付で！お買い物で！チャリティになるきもチャリ！の話

たんすの肥やしが役に立つ!!

家が片付く！

あらいいわねー
ピッタリ!!

かわいい！欲しい！

それ、私が寄付したの―！

着物が手に入る！

フラーレンで行ったチャリティの経費を除く売り上げは東日本大震災で被災した子どもたちのために寄付。11年間で300万円を超えました。ご協力本当にありがとうございました。

寄付で役立つ！

不思議なことにその着物が似合う人が迎えに来てくれるのです!!

おきものチャリティバザールのおはなし

働く母友達と「フラーレン」というグループでさまざまな活動をしているのですが、チャリティもそのひとつ。「きもチャリ！」と名付けて、着物を寄付してもらい、チャリティ販売して売り上げを東日本大震災で被災した子たちの奨学金として寄付を続けてきました（現在は活動休止しています）。

もう着ない着物を寄付する、その着物を買うことでそれも寄付になる。遺品をご寄付いただくことも。もちろんボランティアなしでは成立しないので、本当にたくさんの皆さんのご協力をいただきました。終わったあとはへとへとです（笑）。

でも仕舞われていた着物が、似合う人のところにお嫁入りしたり、役に立ったりするのを見るのがなにより嬉しい。地域で着物を譲り合うようなイベントがもっと増えるといいなあと思います。

搬入・陳列・値付け等々やることだらけ。みんなの力で作り上げる「きもチャリ！」

128

箪笥から飛び出した着物たち、大活躍!!
イタリア!
♪
黒羽織をジャケットに!
元の持ち主にベッタリ
あっその着物は!
ありがとう
お気に入りです
同窓会
京都
新橋
歌舞伎
スゴーイ!
そんなアナタの着物もチャリティゲット品ニャンね!
ヨーロッパの石畳にも溶け込んでる〜

チャリティその後
箪笥から飛び出した着物たち

「きもチャリ!」の後、箪笥に眠っていた着物たちが、外に飛び出してまた新しい持ち主のところで活躍するのを見るのは、本当に嬉しいものです。

同窓会や飲み会などなどのイベントにも連れ出してもらっている着物。京都旅行でお花見に行った着物。前の持ち主さんのときとは、また違った経験をしているのでは。

ヨーロッパまで連れて行ってもらった羽織も。赤い薔薇の刺繍が入った黒絵羽の羽織を、洋服の上にジャケット代わりに羽織って出かけたら、たくさん写真を撮られたそうです。羽織なら着物よりもずっと気軽に着られて、しっかりエキゾチックビューティに。これは素敵でした!

全国の箪笥の中に眠っているだろう、ものすごくたくさんの羽織も活躍の場があるといいなと思います。

SNSなどで
お嫁入りした
着物の行く末が
見られるのも
楽しみ

129

人生儀礼の着物は特別枠かも!!
時が来た!!
ママも訪問着が超お似合い!
パパの!
ピッタリ!!
ママの♥
ずーっと出番を待ってた着物たちの晴れ舞台やな!!
胸熱!
ニャンたちはずっと同じ毛皮…
幸せだニャア
ママ振袖
だけじゃなく七五三も留袖も…特別な着物は別枠!!

着物は、着ないから捨てるというものではないのだ

自分が着た祝い着で、子どものお祝いができるというのは、着物ならでは。自分の子どもが着て、またそれを孫が着るというのができるという人は、本当にお幸せだと思います。

着物も「わたくし出番を待っておりましてよ!」というようなここ一番の輝きを放ちます。洋服は3年着なかったら処分なんてよくいいますが、着物、こと晴れ着に関しては20年だろうが30年だろうが、もっともっと長かろうが、人生でふさわしいときに纏われるのを待っているもの。出番がきたとき、着た人を輝かせ、晴れ着を着たというその喜びと記憶を刻む装置なのかも。

自分が死んだら全部ゴミだよななんていろいろ捨ててしまっている私ですが、写真と晴れ着ばかりはポイポイ捨ててよいものでもないと思っています。

友禅職人の曽祖父様の作品で、叔父様に続いて七五三のお祝いで着られた羽織

130

母と着物とアルバムと…
成人式
好きなピンクの鮫小紋
初めてのお茶
卒業式
50代で着てみた!
畳紙《たとうし》を広げると
いろんな思い出が甦ります…
着物ってアルバムみたいだニャン…
お母さん、ありがとう……!!

母と着物の思い出、着物はアルバムみたい

20歳のとき、振袖の代わりに少しだけ袖の長い可愛らしいピンクの鬼しぼ縮緬の鮫小紋を誂えてもらいました。母が色違いで自分のために紫の鮫小紋を誂えていたのは後になって知ったことですが（笑）、今となると子どもの成人記念にいい自分へのご褒美だなと思います。大学の卒業式では、私はその鮫小紋に袴を合わせ、母も色違いで列席してくれました。

初めてお茶会でお点前をしたときも、この鮫小紋。50代になってから着たこともあります。残念ながら雨ジミをつけてしまい処分してしまったのですが、大切な記憶です。

着物にはいつも着るものではないからこそ、思い出が刻まれるのかもしれません。なんだかアルバムみたいですよね。毎年立冬あたりの母の命日には、この鮫小紋のことも思い出すのでした。

おそろいの鮫小紋で卒業記念写真。大切な思い出になりました

131

思い込みを捨てて、着物と向かい合う

残念ながら着物のリセールバリューは低い
「ない」と思ったほうがよい
大切なのは自分軸！
でも！着物の価値は「高く売れるかどうか」じゃない！
母が大切にしてた
高かったのに…
もったいない…
捨てたらバチが…
あたらないニャン!!
感謝してサヨナラも必要！
人にとってではなく、自分にとって価値があるかどうか？で考えよう!!

着物の「価値」は自分軸で決める

『その着物、どうする?』という本を書いたこともあってか、よく着物の処分について相談を受けます。ちょっとしょんぼりな話になってしまうのですが、着物は買うときは高価ですが、昔と違って売るときには値段がつかないのです。

着物に限らずものの価値は、自分軸で考えると楽になります。いくらいいものでも、自分にとって必要なければそれは不用品なのです。自分はいらないのに、「もったいない」「何かに使えるかも」「思い出の品だから」と手放さないでいると、際限がありません。活用できなければ手放す勇気も必要です。決められない！というときは、一人ではなく、誰かと一緒にやるのがおすすめ。

着物は思い入れが強くなりがちですが、自分の本当の気持ちと相談してみてください。

着物の処分の相談に乗ることも。人と一緒に考えると客観視できます

132 着ない着物はどうするの？

自分と相談!
あなたが大切にしたいのはどっち？
過去
未来
★今着たいもの
★大切にしたいもの
★管理しきれるもの
自分の心地よい範囲で!
ムシできない「持つ喜び」もあるニャンね
人生には選択せねばならぬ時がある…
女神サマ…

その着物、どうする？ 着物の整理は心の整理

着ない着物の売る以外の選択肢も考えてみましょう。譲る、寄付、リメイク、古布に出す、捨てる。どれも手間も時間も熱量もかかります。

いろいろありますが、自分の楽な方法を選べばいいと思います。今大事にしたいのは「母の着物」？「若い頃の着物」？それとも「これからの自分の着物」？と自問して先日結構な数の着物を処分。自分の気持ちとひたすら相談でした。

断腸の思いもありましたが、人生の宿題をひとつ片付けたみたいで、ものすごーくすっきりしました！そして手放したものについては、執着しない。これが一番大事かも。

人生明らかな後半戦というか残りが少なくなってきた（笑）これからの時間を大事にするために、自分が決めることなんだと思います。自分の人生だもの！

自分の手に
あまる分は
欲張らずに
心の箪笥に仕舞って
手放しました

コラム 6

手放して、着物はそこになくっても心に仕舞ってあるからいいよね

着物とピアノってなんだか似ているなと思うことがあります。もう着ないのに、もう弾かないのに、手放すことが難しい。昭和後半生まれの女の子たちにとっては、親の愛や夢、子どもに対する思い入れの象徴のようなものだからかもしれません。

着付けのお教室をしていると「母の遺した着物を着たいんです」とおっしゃる方が多いです。お手入れしたり、仕立て直したり、手間もお金もかかりますが、それはとても素敵なことだし、人生を豊かにしてくれます。私も母の黒羽織を仕立て直したものを大切に着ています。

でも一方で、事情があって手放さなくてはいけないこともあります。そんなとき、あとからなぜ手放してしまったんだろう？ と何度も思い出すことも。母や祖母から受け継ぐ着物は、悩ましいものでもあります。

でも私の人生は私のもの。自分が楽しんで受け取れる分以外は、ぜひ心の箪笥に仕舞ってあげてください。そして、遺してくれた人の笑顔と一緒に時々思い出してあげれば十分ではないでしょうか。

今、生きている自分を一番大事にすることを、きっとご先祖様も望んでくれているはず。元気に長生きして、心の箪笥も大切にしましょ！

第6章
着物を楽しむ
コツのコツ

着物は自分を大切にするために着る

改めて考えると着物って、用意するものがいっぱい。私の場合和装ブラ、補整パッド、肌着（スリップ）、ステテコ、うそつき衿、うそつき袖、着物（長着）、コーリンベルト、伊達締め、腰紐、帯、帯揚げ、帯締め、帯枕、帯板、着付けに使う仮紐とクリップ、おっと忘れた、足袋と草履！と普段着用にいろいろ省略していても、19アイテムという多さ。

とても面倒だけれど、お気に入りのアイテム、何枚もの布、紐を用意して、自分をラッピングしていくような感覚が、とても好きなのです。なんだかとっても、自分を丁寧に扱っているようで、安心するというか、癒やされるというか、ほっとするというか。

手間をかけて、着物を着る。面倒で、大変で、でも愛しき着物。それを着るのが、なんだか自分を大事にしているようで好きな作業なのです。

後始末も大変！だがそれがいい。それも着物の魅力のひとつ

134

詰めものに頼らない肩のタテジワ解決！

解決案
1 姿勢を正す
胸を張れ！
2 肌着をピシッと着る
ピン
布地の張りで凸凹をなくす
姿勢が悪い
巻き肩も原因かも！
鎖骨下のボリューム不足
ラグビー選手！？！
トラーイ！
でも補整を入れると…大きく見えちゃう
3 ふくよかさんは和装ブラでハト胸に
寄せて上げる
たかはしきもの工房
put on キモノブラ
＊胸が集められん！というんは補整を足してネ
4 クリオネポーズで着崩れ直し！
クリオネちゃんみたい
別名 女将ポーズ
袖をひっぱってシワとり

巻き肩も原因？クリオネポーズで着物の肩のシワ直し

肩から胸元に入る縦のシワはなぜできるのかといいますと、原因は主に2つ。「巻き肩で姿勢が悪い」「年齢とともに胸が下がって、鎖骨下にボリュームがなくなっている」です。これを解消すれば、タオルを入れなくてもシワとさよならできます。

まずは、胸を張る！ 姿勢に気をつけるだけで段違い。胸が下がっている人は和装ブラで胸を寄せて上げる。肌着の段階でシワを作らない。そして、銀座いち利の女将ポーズ（別名：クリオネポーズ）で袖を引っ張って、シワ直し。

私は姿勢が原因で着ているうちにシワッとなってくることがあるので、クリオネポーズで直しています。着崩れは程度の差こそあれ、動けば起きてくるものなので、その都度直す方法も知っておくといいですよね。

これが必殺
クリオネポーズ、
またの名を
女将ポーズ。
試してみてね

135

自分記念日に大人の振袖楽しみませんか？

20才の時に着た
白い寿光織の
振袖を
染め替えて
大人色に
お気に入りのバッグで
アンティークの
丸帯も
ステキ！
着物も
ヨロコんでいるニャ！
ゴージャスなアクセサリーも良き♥
お太鼓はちょっと変わり結びで
勤続三十年
働いた私
エライ！
娘に買った振袖だけど
ホントは私が
こういう
可愛いのを
着たかったのかも……
還暦で
紅型振袖！
あざやかな帯もステキ！
その人の生きてきた
美しさが現れる…
大人の振袖
尊い…
感動〜〜
そして何故か
刈り上げヘアの
人が多かった（笑）
自分も
みんな違って
みんな
いい…

大人の振袖撮影会は楽しすぎた！
還暦振袖のすすめ

先日、カメラマンの友人と運営している写真スタジオ「昭和な家スタジオ」で大人の振袖撮影会を企画して参加者を募集したところ、あっという間に満員御礼。合計10名様の50代、60代の大人振袖を着付け&撮影させていただきました。

振袖は未婚女性の第一礼装といわれていますが、大人が来し方を振り返りつつ満を持して着る振袖の美しさと格好良さ。そして、可愛らしさも。いろんなことを乗り越えて、凛と咲くまさに大輪の花です。本当にかっこいい！

還暦記念、勤続記念、退職記念、子育て完了記念、今までの自分へのご褒美など自分のライフステージの変わり目に、自分で決めて着る振袖。大人の振袖、もっと着る人が増えたらいいな。昭和な家スタジオでも随時受け付けております♪（宣伝かよ）

着物情報誌
『月刊アレコレ』vol.221でも
特集された
大人振袖。
ほんと素敵なんです

136

記念写真は折々の成長が一目でわかります
十三詣り(小5)
ちっちゃい反抗期前
写真を見ると鮮やかに徒然思い出します…
中学校卒業
ナイフみたいにとがってら期
変顔!
高校卒業
大きくなりました!
私も…いろんな意味で(笑)
男子の黒紋付姿もいいものだー
(親バカ)
なつかしー
並べると感無量…
撮っておいてよかった…
写真こそ生きてきた記録だよねー

家族写真と定点観測、記念写真は宝物です

私は親と弟とのきちんとした家族写真がなく、自分の家族は記念写真を折々に撮りたいなと思っていましたが、元夫が早く亡くなったため、またこれもあまり枚数がありません。でも、子どもとの2ショットは毎年同じ桜の樹のところで撮ったり、記念写真も撮影したりしています。

特に和装で撮影した写真は、子どもの成長が感じられて、私にとって本当に宝物です。撮影し続けてくれているカメラマンのみずほちゃんにも感謝です。

スタジオなどで記念写真を撮ることは、準備も大変だし費用もかかりますが、やはりよい思い出になりますし、一生のうち、何度撮れるかと考えると意外と機会は少ないものです。いつかそのうちと思っていると、撮れなくなってしまうこともあります。

大切な人と、記念写真。着物で撮ると、きちんと感マシマシで、おすすめです。

七五三など
そのときしか着ない着物も。
子どもの成長が
よくわかります

137

自分のサイズに合った足袋を履こう!!
足の長さはキツ×NG
ちょうどいいサイズを!
足の幅はゆるめNG
キュッとホールドして
足裏にアーチを
作ることで
疲れにくく!
ヨコのアーチ
タテのアーチ
ゑびす足袋の白記さんに聞きました
キチンと採寸されるのをオススメします!
アーチがあると踏みしめるたびクッション&ポンプに!血のめぐりもよくなるのです〜!
足幅も細く見える〜!!
足をキレイに見せてくれます!
自分の足に合った足袋は
キリッとした白足袋は憧れ
ワタシも白足袋履いてるニャン!

疲れない足袋選びは「足幅」がキメ手☆

ゑびす足袋本舗六代目の白記澄子《しらきすみこ》さんに足袋選びのポイントについて教えてもらいました。まず、足の長さについては小さめは選ばないこと。つま先が圧迫され続けると足が痛くなります。次に足の幅(指の付け根のあたり)は、少し足の裏がアーチ型になるくらい、キュッとホールドされるものを選ぶこと。足の幅に余裕があると、足の裏がぺったりと地面に着いてしまうのでかえって足が痛くなったり疲れてしまいます。

ゑびす足袋は人間工学に基づいて製造されており、足に合った足袋を履くことで足のアーチが整い、血行もよくなって、足が疲れにくくなるそうです。幅広のストレッチがラクだと思っていたので目からウロコでした。自分に合う足袋のキホン、見直してみませんか。

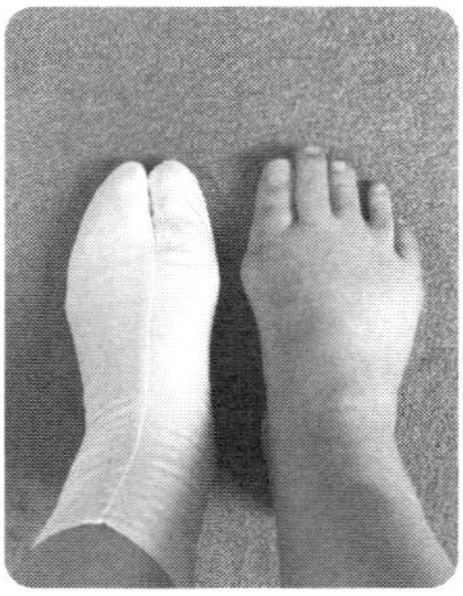

むくんだ足にも
キツくなく、
足の形が整って
綺麗な足元に
なります

138 足袋でむくみがとれて足が変わった!!

最初
パンパン
外反母趾
浮き指でできた巨大タコ
ゆったり
1年後
足首 −2.5cm!
甲が−1cm
ふつう
2年後
さらに −1cm
さらに −5mm
外反母趾もゆるやかにタコも柔らかく小さくなった
細
こたび
洋服の時は先っぽだけの足袋「こたび」を履き続けてました!
絶対フルレングス
むくみがとれて
靴にも余裕が!
足首見せも大丈夫に(涙)
これが私の足!!
パン
パン
こはぜもかからなかったのに
変わったニャー
ちまっ!
ほっそり!
ホントによかったニャー!

毎日足袋を履いたら足のサイズが変わった話

足袋を注文するときに毎回ゑびす足袋さんで足のサイズを測ってもらっているのですが、2年で足首が3・5㎝、足幅周りが1・5㎝減って、なんと細形の足袋が履けるようになりました。

毎日のように足袋と「こたび」を履いていて、劇的な変化を遂げた私の足。どんだけ緩んで幅が広がってたの！　私の足！　足幅も変わったけれど、浮き指で足裏を使って歩いていたせいでできていた大きなタコが、柔らかくなりほぼ消えました。外反母趾や小指のねじれも少しずつ良くなってきました。きちんと自分サイズの足袋を履くことで本来の足の形が戻ってきたのです。股関節も痛くなくなりました。

万年ゾウ足だった私が、細形とか!!　こんな日がくるなんて！　足袋のすごさに脱帽です。

洋服のときは「こたび」を履いています。アーチができると気持ちいい！

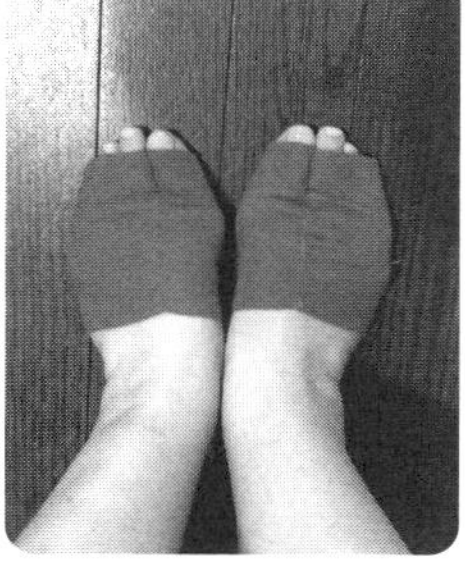

139
ご褒美着物をネットで誂えちゃった その1
憧れの牛首紬ゲットだぜ!!
ドキドキMAX!
ポチッとな!(言)
清水の舞台ダイビング!
一目惚れ～!
美しいグラデーションと
流線♥♥
ツヤツヤ～
よくがんばった私に…
運命!
えへ～い!
後染めだから
ここは白
割と訪れがち
(笑)
光沢があって
美しいニャ～♥
やったニャ!

ご褒美着物その1
ネットで牛首紬誂えちゃった

令和4年春、牛首紬をいち利モールのセールで見て一目惚れしてしまいました。美しい光沢が魅力の憧れの紬。セールとはいえ高価なもの。だがもはや人生後半戦はノータイム！出版記念のご褒美！と清水の舞台から飛び降りました（笑）。

お仕立て・加工オプションの八掛は下手に選ばず「プロに任せる」選択肢で。サイズに関しては「身長」「ヒップ」「肩裄」「体重」を入力するだけで簡単自動計算してくれる！というもので注文しました。久しぶりにちゃんと測ったら厳しいものがありましたね、ヒップとか。

でも、現実をうけとめて（爆）今の私に合うものを。衿下だけちょうどいいと思っている着物の寸法を測って記入。ネットで注文するって超ドキドキ！さあ無事に仕立て上がるのか？（続く）

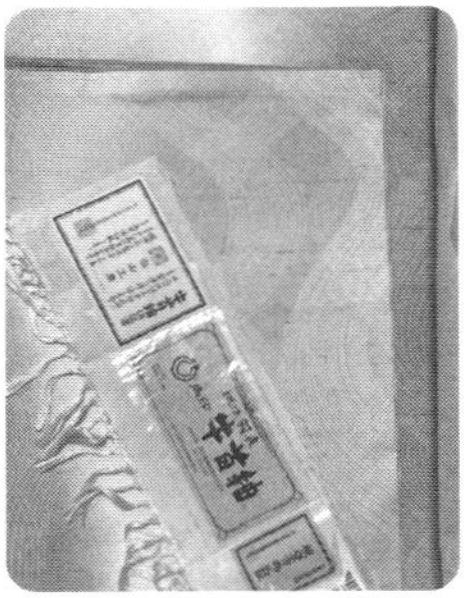

これが
一目惚れの
後染めの牛首紬。
軽やかな緑と
薄いグレーの
グラデが綺麗！

140

ご褒美着物をネットで誂えちゃった その2
追っかけ？ぶっつけ？仕立て方を決める！
（追いかけ仕立て）（相対仕立て）
白衿の左追っかけ&右ぶっつけでちょっとドレッシーに
MIXもありなのよ!!
ジャーン!!
銀座いち利みたざき女将
えーっ
目ウロコ
追っかけぶっつけMix ver.
リズミカル
カジュアル
ストライプ
一番合わせやすいタイプ
スッキリ
エレガント
スリム効果
色や縞の太さによっては難しい
追いかけ仕立て（追っかけ）
カッコキ!
相対仕立て（ぶっつけ）
ドレッシー
＊衿と衽は同じ色にはならない

ご褒美着物その2 追いかけ仕立て？相対仕立て？

注文が終わった！と思っていたら、反物の左右の色が違うため仕立ての向きをどうするか問い合わせがきました。「追いかけ仕立て」か「相対仕立て」か。要は反物が左右で色や柄が違う場合、それをどう合わせて仕立てるかということです。

YouTube の銀座いち利の女将ちゃんねるを見ると、左肩は追いかけ仕立て、右肩は相対仕立てというワザがあるとのこと！ MIXにすると左右で袖口の色が同じになるため整った印象にもなりますし、左肩にグリーンの色の面積が広く入るので柔らかい印象にも。

これだ！というわけで、お願いをしました。そして待つこと約50日。

出来上がりを早速羽織ってみると想像通りの仕上がり！ドキドキのネットお誂え、大満足でした。

YouTubeは知恵の宝庫！着物の疑問もいろんな人が答えをくれます

みず色着物でミッチーのワンマンショーに行ってきたよ
ずぶ濡れ編
前が見えない!! 対策しようのない程の雨!! 雷!!
心をひとつに!!
豪華客船クルーズのイメージのセット
←キャプテン
清々しいほどびしょ濡れ!
アハハ…
笑うしかない
男子もいるよ!
復活のキラキラ棒もといペンライトがキレイ!!
愛してマース!!
ミッチー!
訓練されたベイベーたち!!
みず色ワンピース
いろんな意味で水色…
会場の熱気で着物も乾いた！セオアルファすごい

推し着物！ミッチーのワンマンショーに行くんでしょ

かれこれ四半世紀近く、ほぼ毎年及川《おいかわ》光博《みつひろ》さんことミッチーのワンマンショーに参泉※しています。当日はよく天気が荒れるのでミッチーは「嵐を呼ぶ男」と呼ばれているのですが、令和6年は激しい土砂降りと雨に遭遇しました。

雨予報は出ていたのでセオアルファの着物に洗える付け帯。でも、駅を出て3秒で全身ずぶ濡れになりましたね!! 清々しいほど濡れました！ バッグだけは、撥水風呂敷で包んだので無事でした。

会場は毎回着物や浴衣姿がちらほらいて、勝手に親近感。新曲『みず色ワンピース』に合わせてベイベーたちは皆水色でおしゃれしていて綺麗でした。推し活って本当にいいですね。ちなみに、セオアルファ着物と麻のステテコは、3時間歌って踊って笑っているうちにすっかり乾きました。愛の力かな？

7月の参泉
だったので
星の帯留めで
七夕コーデの
みず色着物

※ミッチー用語で「参戦」のこと

142

楽しかったー! 明治座「細雪」エキストラ出演♥
昭和13年秋の設定コーデ 長羽織、刺繍の帯など コダわってみました!!
わーい
小道具 人形展のパンフレット
アンコをたっぷり入れて 束髪《そくはつ》風に耳を隠して
べっこうのかんざし
22人ものお友達が 応援に来てくれて 幸せでした♥ 一生の 思い出です…
なんや その目えはッ
ダン!!
女優さんは カツラだそう。さすがの着姿& 所作!キレイ!!
唯一の演技(のつもり) 「驚く(笑)」
プロのお二人に フォローして もらって 何の 心配も なしの システム でした(笑)
\壮観/
皆、本当にありがとう!
スカーフをかぶれば 次の日ももっと言われ そのまま寝てみた(笑)
お母ちゃん 頭がでっかいニャ
思い出すだけで 感無量っス!!
細雪

舞台「細雪」に出演しちゃった! 女優体験記

上演されると必ず観劇する舞台『細雪』。平成26年に着物のエキストラ募集という企画があり、応募したところ合格! なんと千秋楽に通行人として明治座の舞台に出演しました。

人形展の観客、というエキストラの私たちはプロの俳優さんお二人にサンドイッチされ誘導していただきます。太川《たがわ》陽介《ようすけ》さんが川﨑《かわさき》麻世《まよ》さんを殴るのを見て、驚いて退場する、というあっという間の登場シーンでしたが、当日は22人ものお友達が観劇に来てくれてそれも感激でした。

大好きな舞台に、大好きな着物で参加。衣装用の着物を決めるのにも、着物友達の皆に相談しまくって、妄想に妄想を重ね(笑)、準備する段階から本当に楽しい時間を過ごしました。この日のことは一生忘れないでしょう。

昭和初期風の
コーディネートの
つもり!
夢のような
時間でした

143

着物友達《キモトモ》がいれば着物生活楽しさ倍増!!
旅行
お茶のお稽古も
晴れ着は心も明るくなる〜
ビューティ
ビューティ
マダムランチも
振袖パーティ
たのしー!!
おちついて!
楽しそう
ニャン!
出版パーティもしてもらった!
ふへへ…
次は何して遊ぼう…
落語へ!

着物友達とマダムごっこが楽しいぞ

着物を楽しむコツは、なんといっても一緒に楽しんでくれる着物友達を作ること。幸いなことにたくさんの着物好きなお友達ができ、いろんな楽しみ方を教えてもらいました。お互いの箪笥の中身も把握しあっている（笑）着物友達がいると、着物の楽しみが乗算で増えていく気がします。

ちょっと素敵なレストランに訪問着でランチに行ったり、振袖パーティに参加したり、気軽な紬で旅行に行ったり。年齢を重ねてくると着物姿にも貫禄が出てきますし、マダム気分になれちゃいます。一人じゃ恥ずかしくても、みんなで着物なら大丈夫!

着物で出かけると、丁寧に扱っていただけるような気がするし、着物がきっかけで会話が弾むことも。ぜひ着物友達とおでかけを楽しんで!

ドレスコードを
合わせて
おめかしして
出かける
楽しさよ!!

144

おでかけしなくても着物は楽しめちゃう！
準備するもの
手持ちの着物や帯
快適な温度の室内
これ大事!!
おめかしした自分（not すっぴん）
襦袢まで
お楽しみタイムニャー
妄想 想像の翼を広げて!!
自由よ!! 自由!!
すてきディナーデート♥
着物でヨーロッパへ旅行する
浴衣で花火
コーデはどうしようかな〜
ついでに着物の状態チェックや整理をしなさいニャ
あーっ 後片付けがあー

着るだけ、見るだけ着物
エアおでかけ＆ファッションショー

コロナ禍でおでかけができなかった頃、気分転換に自宅で「着るだけ着物」「見るだけ着物」をしたところ、思いの外盛り上がったので、今もときどき楽しみます。準備するものは快適な温度の室内と、シャワーで汗を流してさっぱり後、ヘアメイクした自分！ 点検と虫干しも兼ねて、取り出して、羽織ってみたり、仕分けたり。意外と「こんなの持ってたっけ」というものも出てきたり。前は気に入ってなかったけれど、結構いいかもと思えるものがあったり。

思いっ切り着物と帯と妄想を広げまくると、片付けが大変ですが（笑）それもまた楽し。きちんと整理＆記録して、自分の持ち物把握もついでにできれば一石二鳥。実際のおでかけ時のイメージトレーニングになるし、ボケ防止にもなりそうなので、アラフィフ以上には特におすすめです！

出番のない
着物にも
スポットライトを！
本当に忘れて
いるものもある

145

どこまで行っても明日がある!!
上達は着た回数に比例する
初心者の頃
ボサボサボサ
ヨレヨレ
ぐずぐず
サーッ
血の気が引く音(笑)
何じゃこりゃあああああ〜
着た回数
まだまだ
不安…
ステップUPすると
見えてくるもの
わかることがある…
人生いつまでも精進です
上達したからわかる下手さかニャ…
ドンマイン！

着物を着る回数をこなすと見えてくること

15年ほど前に、新聞に着物で取材されたときの写真を見てびっくり。衿は詰まってるのに広衿が開いてる、おはしょりぶわぶわ、髪型もボサボサ。でも、当時は「自分は着物が着られる。エヘン！」くらいに思ってたし、着姿に問題があるとか思ったこともなかったんですよね。

まだまだ修業中なれど、人様に教えることも増え、さささっと15分20分あれば着られるようになり、初めてそれが「下手だった」とわかった次第。黒歴史ってやつですね。やはり着た回数に、着姿は比例するんだろうなと思います。

回数をこなして、ある程度着られるようになってくると、達人の言っていることが理解できるように。レベルに応じて理解力が上がるというか。まだまだ着物道、日々階段を上る途中です。

黒歴史公開（笑）。このとき笑われなかったのでまだ着物を着ているのかも

おまけ

覚えておきたい！着物の名称・ルール集

着物のあれこれを紐解くとき、
「あれはなんていうんだっけ」とか
「これはいつ着るんだっけ」など、
知っておくと役に立つあれこれを
集めました。

着物周りの名称

着物（長着）

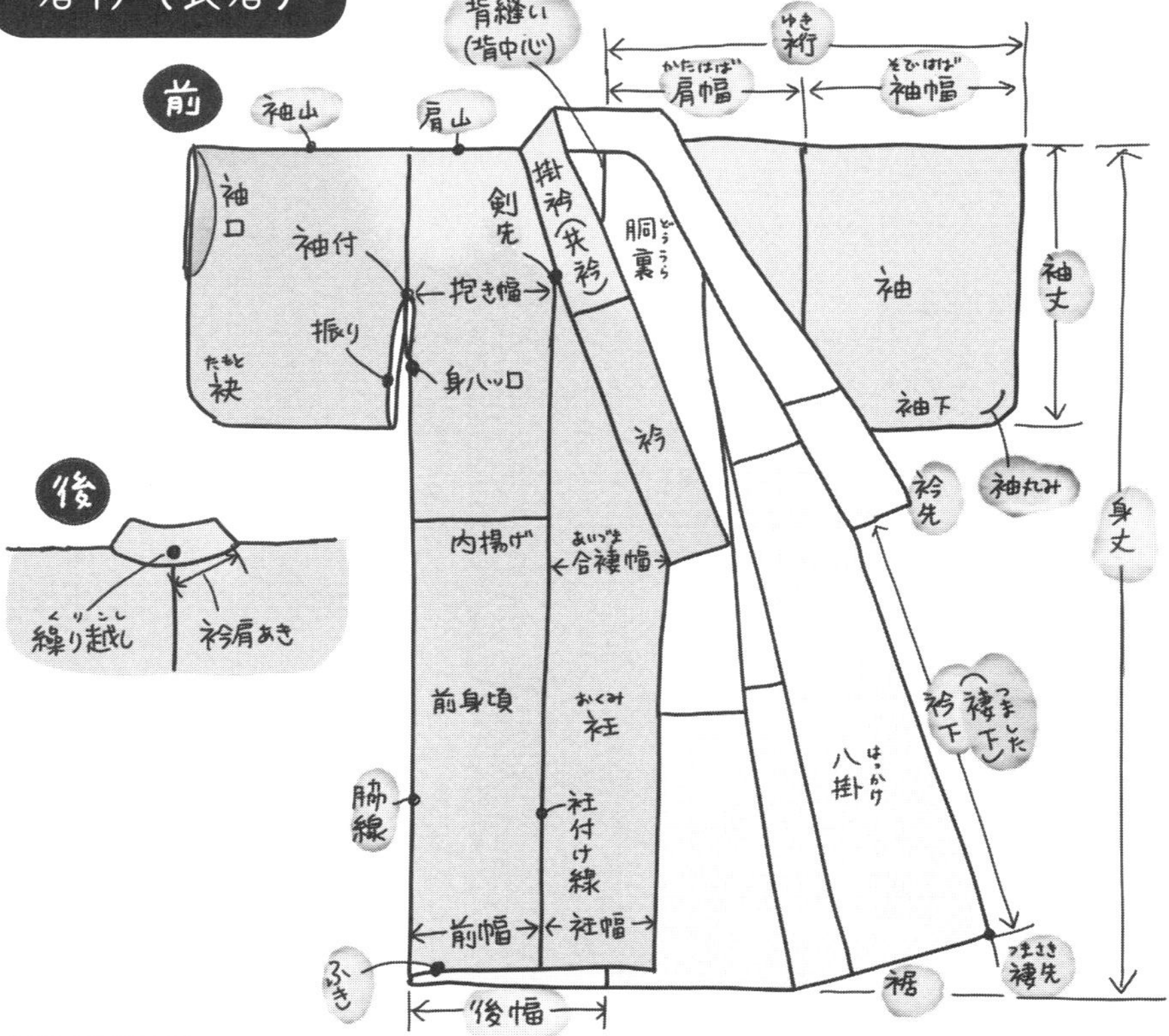

長襦袢

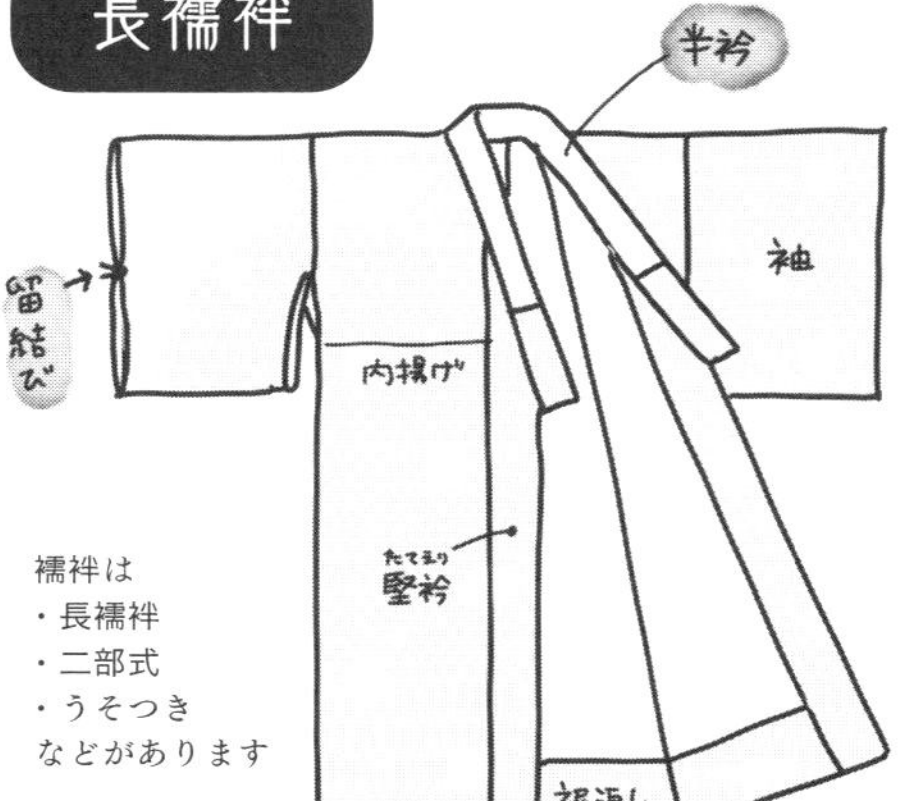

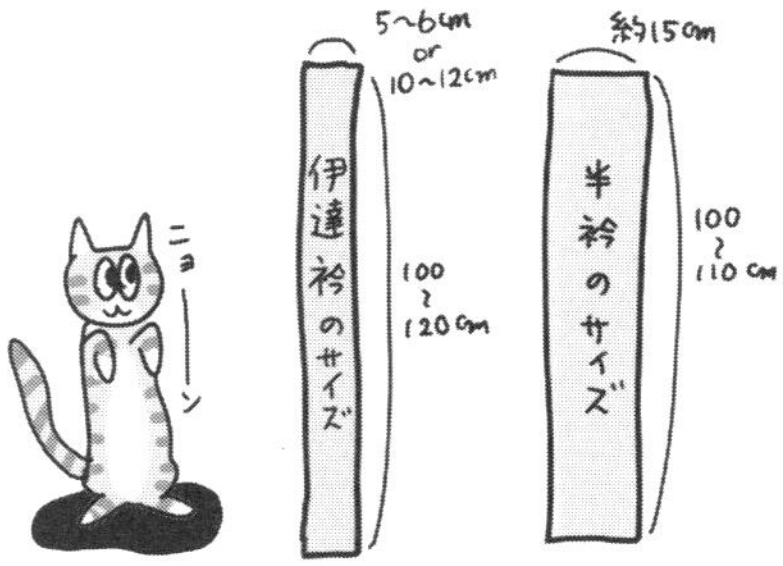

襦袢は
・長襦袢
・二部式
・うそつき
などがあります

帯周り

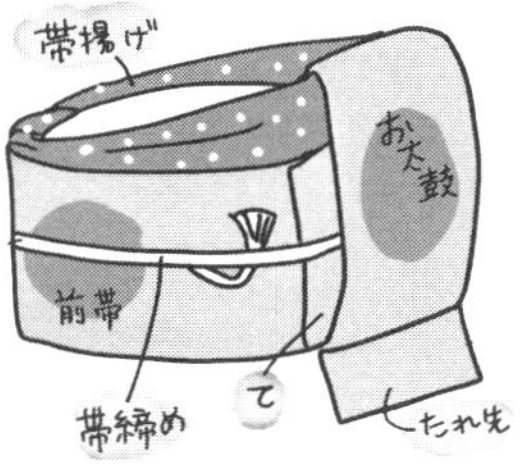

名古屋帯

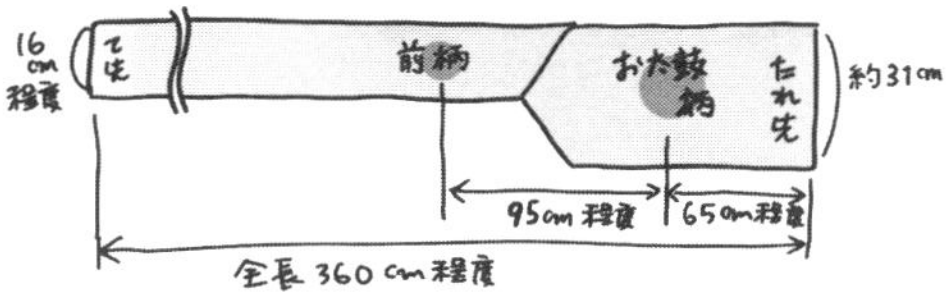

袋帯

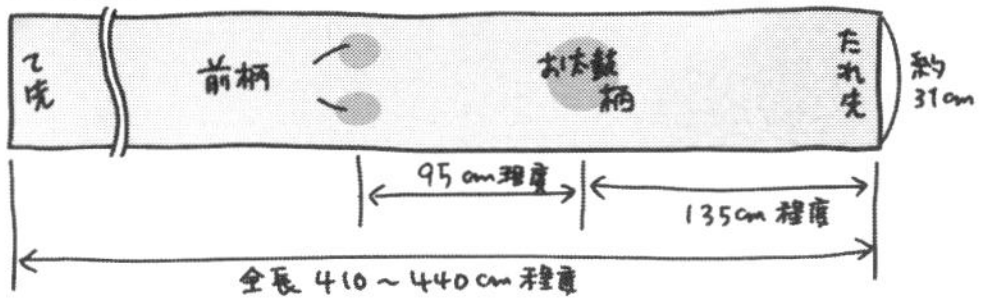

帯揚げ

帯締め

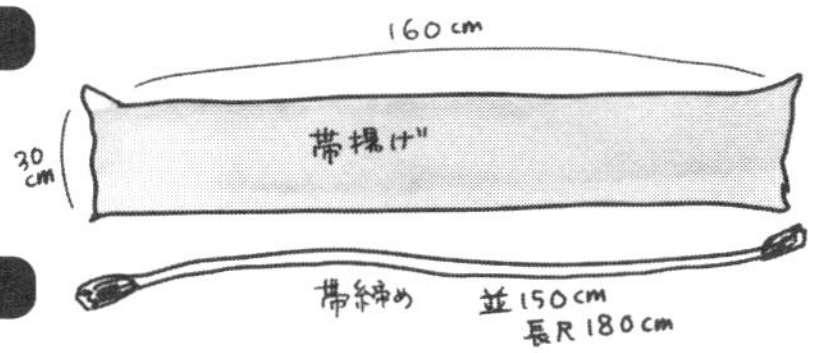

既製品の寸法は大きめが多いです。帯揚げは体型にもよりますが、最低幅16cm、長さ120cm程度あれば足ります。着付けの紐などを自分の使いやすい長さにするのも、着付け時間の短縮につながりますよ

羽織

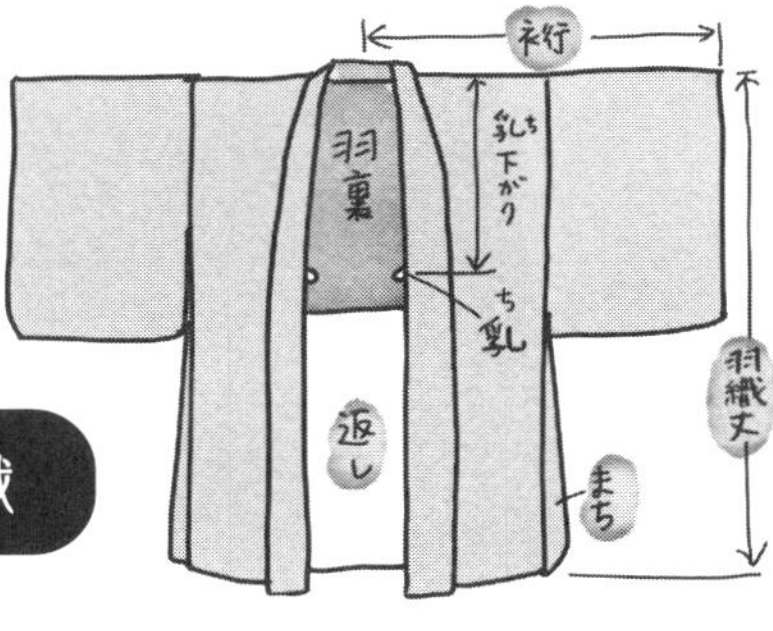

何かを調べたり、質問したりするときに知っておくと便利な着物まわりの名称やサイズ関連の言い方を集めました！
豊かな言葉の世界が広がります
※地域によって名称が違うこともあります

足袋

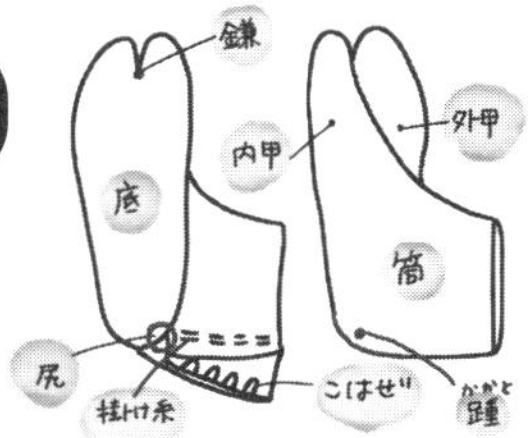

草履

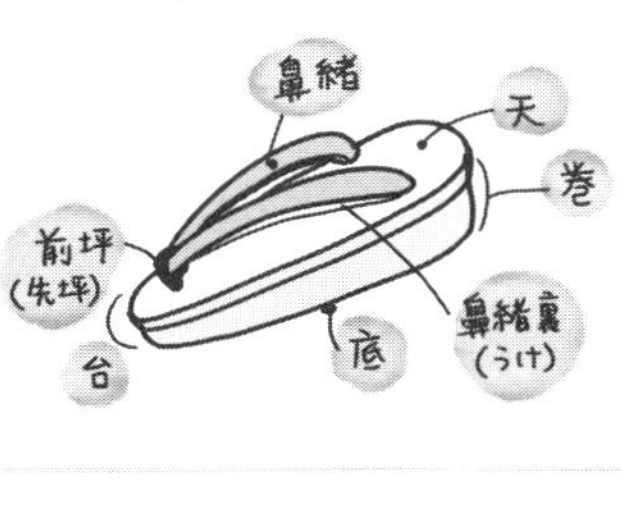

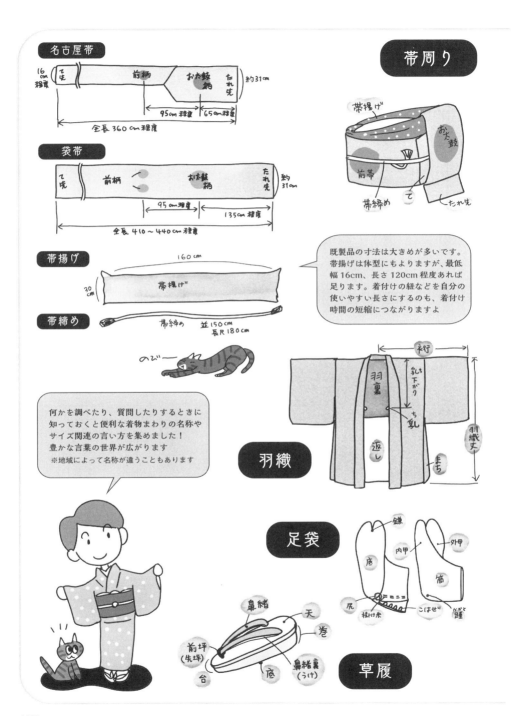

着物の衣替え

着物にも洋服と同じように、季節があります。暦で区切られてはいますが、温暖化が進み、地域差もあるのであくまでも目安として、どう組み合わせればよいかの参考になると思います。フォーマルシーンでなければ、基本は寒い時季にはあたたかみのあるもの、暑い季節には涼しげなもの、でOKです。ただ知っていて外すのと、知らないのとでは差が出ますし、コーディネートの参考にもなります。
知識として知っておきたい一応の「着物の暦」を表にしてみました。

	着物	帯	半衿	帯揚げ	羽織もの	モチーフなど
1月	袷	袷	袷	袷	袷	お正月・松竹梅・干支 椿・南天・水仙 雪輪・福寿草など
2月			縮緬・塩瀬	縮緬・綸子		節分・霞 梅・笹・椿 寒牡丹・猫柳など
3月						雛祭り・卒業式 桃・木蓮・たんぽぽ すみれ・桜など
4月						入学式 桜・藤・牡丹 柳など
5月					単衣	端午の節句 藤・菖蒲・青楓 桐など
6月	単衣	絽・紗・羅など	絽縮緬 絽・紗・麻など	絽縮緬 絽・紗・麻など	絽・紗など	雨・傘 紫陽花・百合・杜若 鉄線など
7月	夏物（薄物）	夏物（薄物）	夏物（薄物）	夏物（薄物）	薄物	七夕・天の川・海 千鳥・波・金魚 鬼灯・朝顔など
8月						花火・波・雲 沢瀉・団扇 芙蓉・秋草など
9月	単衣		絽縮緬	絽縮緬	単衣	月・兎・虫かご 稲穂・菊・秋草 ススキ・萩など
10月			縮緬・塩瀬	縮緬・綸子		ハロウィン 菊・ぶどう・柘榴 紅葉・銀杏など
11月	袷	袷	袷	袷	袷	七五三 栗・木の葉 吹寄せ紋様など
12月						クリスマス・星 雪持ち紋様・雪輪 唐草・更紗など

※レースなどカジュアル使用のものは１年中OK

着物の種類・格

着物はフォーマルシーンで着るか、カジュアルシーンで着るかで着るものが違ってきます。結婚式やお葬式、式典などで着用する着物はTPOに合わせ、その場にふさわしく「しきたり」を守って着用するのが望ましいです。着物と帯の「格」、そして季節や素材などがわかっていれば大丈夫。
一方、カジュアルなシーンもおめかしするか、日常で着るかで違いが出てきます。コスプレでもいい。自分の好きな着方で、楽しんでOKです！

フォーマル

礼装

・黒留袖
・色留袖
・黒五つ紋付
・訪問着
・振袖

・丸帯
・袋帯
・喪帯

準礼装

・付下げ
・紋付色無地
・江戸小紋
（五役「鮫」「角通し」「行儀」
「大小霰」「万筋」）

・袋帯
・喪帯

カジュアル

おでかけ

・付下げ
・色無地
・江戸小紋
・小紋
・お召し
・紬

普段着

・麻
・上布

・木綿
・ウール
・デニム
・浴衣

部屋着

・袋帯
・名古屋帯
・半幅帯
・ベルト　など

紋の数と種類

着物のフォーマル度を決めるのが「紋」の数と、紋の種類。TPOに対して「正式すぎる」「ちょっと軽い」というような判断にも役に立ちます。家紋を入れるのが通例ですが、誰でも使える「通し紋（通紋）」、地域によっては女系で受け継ぐ「女紋」もあります。

数

礼装 ↔ 準礼装

5	3	1
背紋・袖紋 抱き紋（胸紋）	背紋・袖紋	背紋

種類

正式 ↔ 略式

日向紋　陰紋　縫い紋　洒落紋・伊達紋　加賀紋

おわりに

着物を好きになったのは、いつなのでしょう。昭和40年代に岐阜の山奥で生まれた私には、着物はまだまだ身近なものでした。祖母はいつも着物に割烹着で、畑仕事のときはもんぺだったし、母もお正月や入学式、卒業式には着物でした。私もオトナになったら着物を着るんだって、ぼんやり思っていました。

でも実際はそんなこともなく、20代で少し着付けを習ったものの、付随する面倒や着物のお手入れなどで挫折をし、以来着物のことは忘れてバタバタの毎日を送っていたあるとき、久々に友達に誘われて「着物を着てみようかな?」と袖を通したのがきっかけで、すっかり着物の泉に浸かってはや二十数年。その間に、着物の「常識」にもいろいろ変化があり、平成から令和になって着物も本当に自分の好きに楽しんでいい時代になったような気がします。もちろん、文化として残したい決まりなどもありますが、またファッションとしての着物が戻りはじめているのではないでしょうか。若い人の着姿を見ていると楽しくなります。オトナも負けていられない!

好きだ好きだと言っていたら、もともと細々とやっていたイラストの仕事がきっかけで本を出させてもらったり、コラムを執筆させてもらったりするまでになりました。といっても順風満帆だったわけでもなく、夫が病気で働けなくなったとき「着物で仕事ができるようになればいい!」と着付けを習い直したり、友人と着物がメインの記念写真スタジオや着付け教室を始めたり。とにかく着物に体当たりしていたような気がします(笑)。

そこで就職もせず、なんの保証もないのに自分の好きなことでなんとかしよう! と思った自分は能天気すぎるというかかなり無謀だったんじゃないか、と今になっては思います。でも、「好き」を仕事にしようと思って飛び込んだとき、本当にたくさんの方に教え導いていただき、助けていただいてここまでくることができました。WEBコラムの連載をアシストしてくださる担当の二階堂崇《にかいどうたかし》さん、補整の理論から、着物を楽に着るコツまですべてを教えてくださったたかはしきもの工房の髙橋和江《たかはしかずえ》さん、銀座いち利の三反崎要子《みたざきようこ》さんはじめ、着物の世界の諸先輩方には本当に感謝しかありません。

茶道やお能、観劇などなどいろんなオトナな着物遊びを一緒に楽しんで、役に立つ&面白いネタを提供してくれる着物友達の皆様。「昭和な家スタジオ&きもの教室」を一緒に運営してくれている渡《わた》部《なべ》瑞穂《みずほ》ちゃん。スタジオや教室に来てくださるお客様や生徒さんたち。着付けのお仕事をくださった皆様、コラム執筆時や本書をまとめるにあたってお世話になったすべての皆様。

そして、『その着物、どうする？ 好きだから知っておきたい保管・メンテ・処分の方法』でもお世話になりました河出書房新社の稲村光信《いなむらみつのぶ》さん、菊池企画の菊池真《きくちしん》さん、デザイナーの原沢《はらさわ》ももさんに改めて心より御礼申し上げます。

それから、この本を手に取ってくださった、私と同じ着物が大好きであろうあなたの素敵な着物生活を心よりお祈り申し上げます。

すべての着物と着物好きに幸あれ！ と願いつつ筆を置かせていただきます。ありがとうございました。

令和6年11月吉日　星わにこ

星 わにこ（ほし　わにこ）

◆プロフィール

1967年生まれ。コミックエッセイスト。独学で着物を楽しんでいたが40代で着付けを学び直す。きもの教室・和装写真スタジオを渡部瑞穂と運営。着物に関するお役立ち情報WEBコラム「オトナの着物生活」（いち利モール）を12年間連載中。著書に『その着物、どうする？ 好きだから知っておきたい保管・メンテ・処分の方法』『もめないための相続前対策』（河出書房新社）、『53歳シングルマザー ライフプラン見直しました』（世界文化社）、『おキモノ生活のすすめ 幸せ100倍はじめませんか？』（エンターブレイン）、『「愛のあるユニークで豊かな書体。」フォントかるたのフォント読本』（共著・エムディエヌコーポレーション）ほか。

https://ichiri-mall.jp/ichiriblog/bloglist/
「オトナの着物生活」

◆協力

いち利モール、たかはしきもの工房、三反崎要子（銀座いち利）、新宿津田家、白記澄子（ゑびす足袋本舗）、さかもとりえ（片付けコーディネーター）、細野美也子（月刊アレコレ）、渡部瑞穂（株式会社伝）、取材にご協力いただいた皆様（敬称略・順不同）

関わってくださったすべての皆様に心より感謝します。

◆写真館・着付け教室
昭和な家スタジオ＆きもの教室
http://shouwanaie.tokyo/

裏《うら》ワザ満載《まんさい》、無理《むり》なく楽《たの》しむ
オトナの着物生活《きものせいかつ》

二〇二四年一一月二〇日　初版印刷
二〇二四年一一月三〇日　初版発行

著者……星 わにこ

発行者……小野寺優

発行所……株式会社河出書房新社
〒一六二－八五四四　東京都新宿区東五軒町二－一三
電話　〇三－三四〇四－一二〇一（営業）　〇三－三四〇四－八六一一（編集）
https://www.kawade.co.jp/

装丁・本文デザイン・DTP……原沢もも
編集……菊池企画
企画プロデュース……菊池 真

印刷・製本……三松堂株式会社

Printed in Japan　ISBN978-4-309-29452-0